TV's GREATEST GAME SHOWS

Puzzle Favorites

LARGE PRINT WORD SEARCH

ENJOY THESE GREAT TITLES AND MORE BY PUZZLE FAVORITES

ISBN: 978-1981681792
Amazon: 1981681795

ISBN: 978-1947676312
Amazon: 1947676318

ISBN: 978-1947676541
Amazon: 1947676547

ISBN: 978-1947676206
Amazon: 1947676202

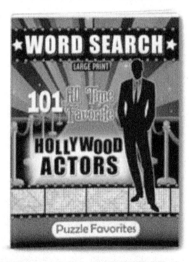

ISBN: 978-1-947676-37-4
Amazon: 1947676377

ISBN: 978-1947676602
Amazon: 1947676601

ISBN: 978-1947676435
Amazon: 1947676431

ISBN: 978-1947676336
Amazon: 1947676334

ISBN: 978-1947676367
Amazon: 1947676369

Table of Contents

101 Ways to Leave a Gameshow 5
Are You Smarter Than a 5th Grader? 6
Awake: The Million Dollar Game 7
Beat Shazam 8
Beat the Clock 9
Cash Cab 10
Cherries Wild 11
College Bowl 12
Countdown 13
Deal or No Deal 14
Don't Forget the Lyrics 15
Double Dare 16
Ellen's Game of Games 17
Family Feud 18
Family Fortunes 19
Family Game Fight 20
Fear Factor 21
Figure it Out 22
Five Hundred Questions 23
Floor is Lava 24
Game of Talents 25
Hole in the Wall 26
Hollywood Game Night 27
Idiotest 28
I've Got a Secret 29
Jeopardy 30
Legends of the Hidden Temple 31
Let's Make a Deal 32
Lingo 33
Match Game 34
Minute to Win It 35
Name That Tune 36
Nickelodeon Guts 37
One vs. One Hundred 38
Password 39
Pointless 40
Press Your Luck 41
Pyramid 42

Table of Contents

Remote Control 43	The Newlywed Game 63
Sale of the Century 44	The Price is Right 64
Shop 'til You Drop 45	The Singing Bee 65
Small Fortune 46	The Wall 66
Snap Decision 47	Tic Tac Dough 67
Spin the Wheel 48	Tipping Point 68
Supermarket Sweep 49	To Tell the Truth 69
Survivor 50	Tooned In 70
Tattletales 51	Truth or Consequences 71
The Amazing Race 52	Twenty Five Words or Less 72
The Bachelorette 53	University Challenge 73
The Celebrity Dating Game 54	Weakest Link 74
The Chase 55	What's My Line 75
The Crystal Maze 56	Wheel of Fortune 76
The Cube 57	Who Wants to be a Millionaire? 77
The Gong Show 58	Whose Line is it Anyway? 78
The Hollywood Squares 59	Win Ben Stein's Money 79
The Hustler 60	Win, Lose or Draw 76
The Joker's Wild 61	Wipeout 77
The Misery Index 62	You Bet Your Life 78
	Answer Key 79

101 Ways to Leave a Gameshow

```
S X K U R J B X N O S I I N B D
D R O P I N T O P O O L W X X J
T N O H V S C O T T L A R S E N
J A C K P O T P R I Z E B E Z E
E X T R E M E S T U N T U Q I H
Y F M T Z X O A Q T R P Z V R P
C G P D S W Q E Y G T J Z N P T
P A U L R I L E Y F O X E J H U
V E J D Y N T C S A V T R L S S
U M L K F I B G M X K O E Z A F
N M Z Y T J L O S W G P W T C F
E L I M I N A T I O N B O C Z E
E M E R G E N C Y E X I T O P J
M U L T I P L E C H O I C E I Z
L W R N W O B M C J G Z P Y A H
D T G M I X B Q E U L H Z G X I
```

EXTREME STUNT
MULTIPLE CHOICE
CASH PRIZE
SCOTT LARSEN
JEFF SUTPHEN
PAUL RILEY FOX

TOWER
DROP INTO POOL
BUZZER
EMERGENCY EXIT
JACKPOT PRIZE
ELIMINATION

Solution on page 83

Are You Smarter Than a Fifth Grader?

```
B D Q H K H U K V D G E Y H T O
H R F M P L X Q A K Z H H H N E
P I G L C W F X R P T E G P Z M
F M S P U P W F E R B Z F I T A
P I X M X N F E O P K D U F E R
H D F Z H G K W F V Z Q C K X K
O R Q T N F X O Z Z L E B L T B
N U F I H O H O U O R W J X B U
G U T L F G X D O T P F L J O R
T X C F Q K R H O Y K G X F O N
K J F S S M C A C O P Y Y R K E
Z E R O Z S Q F D D T X F Q S T
J C J U Y R A T N E M E L E S T
R R E L S I E L N O S I D A M Q
T R I V I A Q U E S T I O N S R
O Y T Q H P L R W L B T K F Y F
```

FIFTH GRADES
TEXTBOOKS
JEFF FOXWORTHY
ELEMENTARY
MADISON LEISLE
MARK BURNETT

TRIVIA QUESTIONS
SCHOOL QUIZ
FLUNK OUT
PEEK
COPY

Page 6

Solution on page 83

Awake: The Million Dollar Game

```
U I N B P K I V Z S N N E G B H
H D F V C B F O I L R R Y T S N
H I O U H K M F P A K U V N C G
A I G N T U O Y U B H S A C X J
C Q S H T D K N T C P S F G Z A
C J Q Q E S P I S Y G E C S A M
L G V Z P S L Y Y N A L O P I E
B P D T A E T E V G Z L Q Y A S
E W M Y I J R S E A X R R R D D
S T N R G S Y N C P U O I P A A
F Y X B H L B V I O U P V S L V
A F Q X O L J Y Z B R E H R E I
A G S M U I D O P F O E N I L S
S L E E P D E P R I V E D R K F
W H M H A R D T O C R A C K T K
L P T H E B I G C H E E S E S L
```

SLEEP DEPRIVED
HIGHEST SCORE
LINE OF PODIUMS
CASH BUYOUT
JAMES DAVIS

RUSSELL ROPE
DONT SLEEP
HARD TO CRACK
THE BIG CHEESE

Beat Shazam

```
F N L O B S P X E X B V I E P J
O A Q U X O U O G O D E C I L A
L D S C C P A I N K W I Z J A M
O J C T X V M U C R O Z I N Y I
S I U E T Z S P N H H S J C A E
F R S I P R C E C A S M Z D G F
P I P U O J A S X M L T M T A O
Y E L U D L E C C O A Y P L I X
O G N C M N C I K Y C H U Q N X
G D N U N Q M P S W I T Y Y S W
S F D I S H A Z A M S T T X T Q
C D R K Z Q Q U J M U A H Q A M
C O V N Y Y I Z V J M R E R P N
C C O R I N N E F O X X R N P X
I J P I D E N T I F Y S O N G S
A Q S M V O E Z R G G W L I L T
```

IDENTIFY SONGS
SHAZAM
JAMIE FOXX
CORINNE FOXX
DJ IRIE
MUSICAL SHOW

PLAY AGAINST APP
FAST TRACK
CORINNES CHOICE
DJ
BONUS ROUND

Page 8

Solution on page 83

Beat the Clock

```
J A Q D G C G E D R P K Z G W V
E A B G U B K E W O C S T L V P
R N Y K I H X Y W U M A T D R R
G D A D R T W H L N R T I B D G
H Y P I E F G D U E H L M N F H
F I R R L N L S U S T A E I H H
A K I J R O H A M E K U L A Q A
B T S Z N H B A R E H S I O I R
Y S Y I C E D B M R E U M O Z L
Y K A M E X M O Y D C N I Y U E
D L V L X H C X F M Q U T S O Y
P N I Y P Y T J S O U R F G W H
V A K T C X C E M T U X I X E U
K T K L V E M O N T Y H A L L F
X K M A J A C K N A R Z M A V F
N D C W E L T N H Z M O A Z C M
```

UNUSUAL TASK
TIME LIMIT
DEXTERITY
PLAIN OLD LUCK
MONTY HALL

JACK NARZ
TOM DREESEN
KAILEE BAUER
JAYDEN HAM
HARLEY HUFF

Cash Cab

```
B T T S T T P G P B S P T X D J
A E H L E H U L V V N L R R O E
C J N O L R R V O T Y T F E U D
H X C B M V Q E O F M V M D B O
S Q E F A A I N E Y I L A L L R
A L I A R I S D J S T T Q I E T
C S L N Y F L C E L T U V G R M
L H I F A E O E H O G R I H I E
B O N A N Y B N Y U B R I T D Y
I U G R H N S C J F R O R K E E
Y T L E O Z F H O D G C N I E R
Z O I P L H B U C T H K H U C S
F U G L L J R G M L S M L R S D
N T H A W T H J N Z G M P O W B
H S T Y E X J T W G K Y A C Q W
Z O S S G L M N N U D M D V F A
```

CASH CAB
CEILING LIGHTS
FANFARE PLAYS
THREE STRIKES
RED LIGHT
SHOUT OUTS

VIDEO BONUS
DOUBLE RIDE
THOMAS CHURCH
BEN BAILEY
JED ORTMEYER
RYAN HOLLWEG

Page 10

Solution on page 83

Cherries Wild

```
I S S O L V E T H E S L O T S E
A L T W O C O N T E S T A N T S
F O X M K K O N F B B C P E E U
A T C Z R B J A S O N B I G G S
C M O D E L P U K O P S G F W J
T A Z N G S V V B F P U O I T
O C M U A N U H I M Y X V U L A
R H F O O H S A W Z U Z J W D S
F I Y R R E H C D L I W A D S J
I N M Y E I Z G Y L M U C P P S
C E D A U E W T H K T G K M A E
T S M D S G S N D A J Q P A C P
I W T Y X E I P Z I G Z O L E J
O A K A W E X D I C R J T G P G
N Y X P T B L C X N C V U A V J
O N E B I G Q U E S T I O N X S
```

TWO CONTESTANTS
SOLVE THE SLOTS
JACKPOT
JASON BIGGS
SLOT MACHINES
PAYDAY ROUND

FACT OR FICTION
ONE BIG QUESTION
WILD CHERRY
FREE SPIN
WILD SPACE

College Bowl

```
P S T O S S U P E N R R N E O S
E T U P R O M O F I L M L A L A
Y U V R C N O I S I M A D W L L
T D R O F N A T S U Y L O E H U
O E V G C J Y Q E S Z B A H G M
N N S U P M A C E G E L L O C N
M T D U C E A N V L A A B B N I
A Q L A I W R D B A P P S Z G F
N U V L V K F I V K Q Z C N G U
N I B Y G I B H H D X Y K E F N
I Z U S Q A D C A Z A S K K O H
N N G T P I A S Q R J C Y A E G
G X L V W R R I O V V A B S T E
T K P H R C S U K N Z A O N P X
U V D V S M U E O F V T R T G L
N E A V E G F T U H X M M D N L
```

STUDENT QUIZ
COLLEGE CAMPUS
TOSS UP
PROMO FILM
ALUMNI FUN
BIBLE BOWLS

PEYTON MANNING
STANFORD
YALE
HARVARD
DAVIDSON

Page 12

Solution on page 83

Countdown

```
M Y X M T X W N W N U W X A K C
D K K U C S R E B L A O U R N O
R E B M U N D N A D R O W I O R
D V S S K L Y L V Y L X C T C R
Y J M O N D F H M T N L N H K E
P R P T C I M S B X I S P M O C
C E M C K O P I B Y Y M S E U T
D I A E Q X N G T B A Q J T T S
E V H U F D I N G K A T G I T P
J J C B V S D S O O N A W C O E
K D O V U U E H R R Z T Z G Q L
J F T H E M E D W O R D S S S L
R I C H A R D W H I T E L E Y I
O M O J E F F S T E L L I N G N
Z S C O R I N G W P V H W L A G
D E S L Y N A M U R D N U N O C
```

WORD AND NUMBER
ARITHMETIC
THEMED WORDS
CORRECT SPELLING
SCORING
CONUNDRUM

OCTOCHAMP
KNOCKOUT
RICHARD WHITELEY
DES LYNAM
DES OCONNOR
JEFF STELLING

Solution on page 83

Deal or No Deal

```
F E M A L E M O D E L S I F A Z
N A B R I E F C A S E S M A C U
U O W P V W M U V W G A D M C H
L E D N A M E I W O H P A I E X
Q S R E K N A B E H T D N L P B
C J E J A P N R T X F M C Y T P
I O K U Q L C H T Z E W I V O C
X U N M C W K Y K G D F N A F Z
H S A C F O S L A E D L H L F B
O W B Q K E I N X B Z H E U E E
N I M K F H A D R V B D R E R I
W G S D S B J T A Q W M E S G T
L P A T R I C I A K A R A W O Q
Y B Y I M H P O X O F V B H P A
K O G U D M F E S F H O Q V G Q
U O L P B X A F V P R D F E D Y
```

THE BANKER
DEALS OF CASH
BRIEFCASES
FEMALE MODELS
HOWIE MANDEL
PATRICIA KARA

MEGAN ABRIGO
I'M DANCIN HERE
FAMILY VALUES
NO DEAL
ACCEPT OFFER
BANKER

Don't Forget the Lyrics

```
W H U G B U A Y F M O O J R Q K
R A T J L O L N R B N I A A W A
I A Y R Q N Y F C Y T E C H A R
C L H N M E E Z V E P N E I M A
K B T J E U E P I P T G W F S O
E S A F Y B M Q A I H X P E N K
Y U R S D O R S V M M C P H F E
M R G H P I I A D X E E V R C S
I E C M A D T Z D G S G N O S T
N T M A S W I O V Y W G G A A Y
O L K D V I D E O S C R E E N L
R F R C U R T I S M U R P H Y E
Y O A O I C Z L B O P J B A H U
W Q M V C D U T X V U P T A M I
A I I D L Z X C U J A H X R D R
D I A N A D R A K E U I H B G K
```

SONGS
KARAOKE STYLE
VIDEO SCREEN
WORDS DISAPPEAR
WAYNE BRADY
RICKEY MINOR

MARK MCGRATH
AL B. SURE
CURTIS MURPHY
BOYZ II MEN
DIANA DRAKE

Double Dare

```
S T B F Y U R J Q J U F Z V X P
U W O A W V O O E R D I N V O L
P O D X X G B H R O O W B M I W
E M E Y A L I N C X R W F Z S R
R E P F T B N H Z O I Z A M O F
S M R U X D M A T D C K Q L Z W
L B C S V O A R Y V O T P E F L
O E R R Q U R V V S L H L S L N
P R P O A B R E H N B C A E H Z
P T G F O L E Y J U A O B F U T
Y E V M M E L X L T D E E U T T
U A X O W D L J S I K P B Q M C
L M L U C A A B K A M W R Q F F
L S D M W R O B R Q V A F P M K
F U H F K E K D K V Y I F D B D
J I M E S S Y S T U N T S A J C
```

TWO MEMBER TEAMS
MESSY STUNTS
DOUBLE DARE
SUPER SLOPPY
FAMILY

OBSTACLE
JOHN HARVEY
ROBIN MARRELLA
LIZA KOSHY
DRAKE BELL

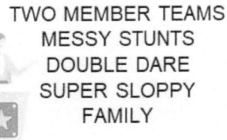

Ellen's Game of Games

```
M Y B K S Y A P F B T O J P N T
A P I U U T V O P S H Q K E A T
K G R D C I E R L S B R P A T H
E O P R L K Q P H V R N A B I E
I D M M Z G I I H C H H I S W E
T L M L X H P N J E W S S U S L
R R Y U Z U C T B Y N V Y A R L
A O J F S S H Y A L E B O C P E
I W S D T S S S X F A K O A D N
N R A I V C A I R I H S N S T S
R E P P O R D E M A N S T X S H
H G B Y P H I I K T W D H E C O
P N Y N D O Z G I A F R Y A R W
W A N N R R Z G Q M H S K P H S
Q D Z O H T I H A O P C V E U R
N B J C P U D X E L B P R D D Q
```

THE ELLEN SHOW
AW SNAP
BUCKIN BLASTERS
DANGER WORLD
DIZZI DASH
HEADS UP

MAKE IT RAIN
NAME DROPPER
OH SHIP
SAY WHAAAT
STEPHEN BOSS

Solution on page 84

Family Feud

```
S F A M I L Y F E U D Y G M C R
I U F Q P W C T C D R K E C O J
R Z R A N K C A J S O M O M N R
R Z N V Z K F Y S D Q X F B T B
A Y O Y E N O M T S A F F C E R
B H S Q P Y D I D Z Q U E D S C
K H W W K H Q C C R C M D C T Z
C C A I L H Y U L F F S W B A E
U P D T N U T C E K E J A S N I
H E D G D C R W T S J U R Y T K
C W R P O H A N E W T K D S S U
L B A C X S C S Q O Z I S S M T
U U H U V I Q C H S V K O U Q I
Z F C M F Y O U D O O W E N E G
R X I F A M I L Y T E A M S S W
D E R E N T A H S M A I L L I W
```

FAMILY TEAMS
CONTESTANTS
WIN CASH
SURVEY QUESTIONS
FAST MONEY
FAMILY FEUD

RICHARD DAWSON
WILLIAM SHATNER
GEOFF EDWARDS
JACK NARZ
CHUCK BARRIS
GENE WOOD

Family Fortunes

```
C Z K S A F E V E R Y D A Y Q X
M L L R H R A M R B A B B A G E
P B R S E E S M B K L U F U B D
Q S Y E N O M G I B E D Q I A O
M V Q I B O I H G L S A Q R O U
W Y B L I S F J D F Y Q Q E F B
F Y Y I Z E I H U I H F E Z T L
B O B M O N K H O U S E E Z K E
Q P V A L V R L E Q X D P U K M
L Y H F F U W F L V Q J I B D O
B K S O P E N N Y L A Y D E N N
V G P W T H X C Q O R K Z F A E
O A V T T I M E L I M I T J U Y
E L E C T R O N I C B O A R D W
J N C M I O Z U Z M D T G S I J
G I N O D A C A M P O I J H M J
```

TWO FAMILIES
EVERYDAY
FAMILY FEUD
MR. BABBAGE
ELECTRONIC BOARD
DOUBLE MONEY

BIG MONEY
BOB MONKHOUSE
GINO D'ACAMPO
PENNY LAYDEN
TIME LIMIT
BUZZER

Family Game Fight

```
B S Q A B N B O U S X O I M F A
Q R L I J G O I E D B L U T U I
Z E A L Q D P M G N P I G B N R
R E G J I X F A O K P D B E J H
O J D C N G O V I O X D L J O E
J I E I E F C E P L R U C N S A
Y Q W G Y Q R G W A Y A Y Z T D
G I R I H O N E P M S F C E S S
Y A L A L I E E E H H A N T M C
L Q W L T I H N P Z H M I T G J
G D E A P S J R S L E I P H J T
E R T L X O I C V U N L S L E K
S O W A D Z E V R I L I H T N C
R P D E E S W B E R D E L N E R
K R I S T E N B E L L S K C I X
Z V C U C C J K F C I Y B H D N
```

KRISTEN BELL
DAX SHEPARD
FAMILIES
LARGE GAMES
AIR HEADS
BRAIN FREEZE

SPIN CYCLE
ROTATING PODIUM
CASH PRIZES
FUN HOSTS
GOOFY
PIE ROLLERS

Fear Factor

```
R Y P L J T S J N C B O E B Y R
K E V H P R P I I K D L V V E D
G U L O Y E Q E K I J R N Y P I
U W Q A U S R D C Y P E E R C S
F N N A T Q I A V J D W A H L G
D P V X M I L C S S D C P C Y U
D F W Y R P O A A I U J L U A S
T B U Q A F I N R L F X I V P T
Y F D L I B D R S T S H T W P I
D S U G O E E N W H N T Y I O N
W A F H R T G K P Z I O U K I G
P Y P S I R C A D U L P Q N S O
U U M Z Y B N F J B N V S R T I
M N S T N A T S E T N O C X I S
C O N F R O N T F E A R S Y C G
W I L P I O Q E U I Y V G X O X
```

CONFRONT FEARS
SIX CONTESTANTS
RELATIONSHIPS
ED SANDERS
TERRI DWEYER
LUDACRIS

PAULA PLACIDO
PHOBIAS
PHYSICAL STUNTS
CREEPY
DISGUSTING

Solution on page 84

Figure it Out

```
T L E N A P S N E R D L I H C Y
I T R S V I A R T E K G F H O E
M C I Q X G Y S N E Z X H W M S
E S A R H P E H T S S E U G P O
D Q Z A S P A U N I Q U E O E R
R G A F M S P L S E C L E M T N
O C V Z A L R N I L V R O S I O
U U O L K S T M U F I Q B B T D
N O E D O L E K C I N M D E I Q
D M O L T V L F A Q Y O E A O C
S S T O M N R D E B L I Y J N H
  D A N N Y T A M B E R E L L I L
U Y W I M X V H G U W J J K U T
S U M M E R S A N D E R S E L S
M X M P Q L A M L C C U M D T F
S P E C I A L S K I L L S S B G
```

CHILDRENS PANEL
SPECIAL SKILLS
UNIQUE
COMPETITION
NICKELODEON
GUESS THE PHRASE

TIMED ROUNDS
YES OR NO
SLIME
SUMMER SANDERS
DANNY TAMBERELLI

Five Hundred Questions

```
F H L T L X P Q K S H C V J C T
I U X U V C X P I L Z F U H H W
F K I O N E U R A L U G E R E W
T B Y Y W Y R P V I S H J C N V
Y H A B T A E R H T E L P I R T
Q M N T H X R H N W I L O Q Q S
U I I N T T A Z O H R E I O Y E
E Y A L V L Z E H T O C S V S U
S D T L E P E I U Q G V X H I Q
T E K K I S F P V V E J S B X D
I F S G J C T S Y N T Z U U T R
O S Y U W X E O R F A X M H B A
N G N O I N T P N L C X T A U H
S V O F G N F C S E N H X N O C
R S K J R R E D E U E P P D Z I
V O D N U O R G N I T H G I L R
```

GENIUSES
FIFTY QUESTIONS
TEN CATEGORIES
REGULAR
BATTLE

TRIPLE THREAT
MILESTONE
LIGHTING ROUND
RICHARD QUEST
DAN HARRIS

Floor is Lava

```
P S C B T H K I T C H E N R O V
I L R S A E K I D L O E T U B J
T H A E W S E D Z K Y D U T S X
H V V N M V E D N W Q H H L T W
V R T O E J O M W B A O S E A D
B U B J E T Q B E W P Y I D C Q
B R C A O F A G H N P U Y G L R
K X I N X O C R O N T P H E E X
K J P A R B L R I M L A B W C I
Y G U I N O E D I U O M F O O P
A T X D D S Q O N I M Z R O U L
F S N N X E M O O R D E B D R U
Q D I I Y Q C I Z R U N J J S H
H O T L A V A T T L E T P Y E D
R E D G O O P H A H Y X R C R N
A B B H Y N Y I W R J R X M W A
```

OBSTACLE COURSE
RED GOOP
HOT LAVA
RUTLEDGE WOOD
BASEMENT
BEDROOM

PLANETARIUM
KITCHEN
STUDY
BRIAN SMITH
INDIANA JONES
OLD IKEA

Page 24

Solution on page 85

Game of Talents

```
C V A K I H C A S M A T O T P C
B N T P U X O Z F H N M G O A M
I S E J P U I Z W B H M K N S U
C X Q S M F F R Z S O S C Y S L
H I D D E N T A L E N T S A O T
P V I I U A L Z X F W N E S R I
T E U M N E X I N C A E U A P C
F W R L L D K V Q J Y L L C L A
M V O F H G P I Z P N A C H A M
H T M T O Z E W Q I E T Y I Y O
E H K D E R O O X S B N L K O U
G D Y L N A M S L N R E I A Q R
R Q L N X W M E E V A V W O X J
V D P G O F F S R Y D E G K N A
O T M I I Z G T I S Y S A Q X O
L O C K I N A N S W E R V X F R
```

HIDDEN TALENTS
WILY CLUES
WAYNE BRADY
TO-TAM SACHIKA
TO-NYA SACHIKA
SEVEN TALENTS

PERFORMERS
TWO TEAMS
MULTI CAM
PASS OR PLAY
LOCK IN ANSWER

Solution on page 85

Hole in the Wall

```
M O N Z M E L J W P T S U X A S
S A O F A J L L X W R P P Q N V
I N T X X B A Q S S I E P I T Q
L F N T G X W E E U P E K J O F
V D I A C C G J U Q L D C K N L
E W W O Y L N W A K E W G H D Q
R X E V L Q I H G E W A R M U I
U V L F R M H F M K A L N U B L
N O A C K O C H T G L L T E S
I R D J G M A Y W O L D N O K O
T T M T V F O C E T N P G E E L
A C M M M P R V S O M G D K O
R E C R A E P N A H T A N O J W
D M M I F V P H E L M E T S X A
I O Z Y Q A A B P J A F V S A L
O R E B R O O K E B U R N S X L
```

APPROACHING WALL
HELMETS
BROOKE BURNS
MATT CLIFTON
ANTON DU BEKE
DALE WINTON

JONATHAN PEARCE
SOLO WALL
SPEED WALL
TRIPLE WALL
SILVER UNITARD

Hollywood Game Night

```
A T V X D K J E Z Y A D W E O D
J N V Q K F N J T E N L Q J V E
A G S I F F Z I E U P J Q G F S
N U T W A G R P O W B S P L P C
E E N B E A X R Y Z R Y P S G R
L S I Y H R S X P W G J E Z P I
Y S O C X U Q E K A J M Q G S P
N I P X N I U U J U A I L Q E T
C N O O Z B I Y E G K G O M Y I
H G B A P I L T E S R J A U A O
W P H E O F L V F L T G Q A H N
Q X O U Y N I G A X E I E B N S
B E Q Q J F L A F M N G O Z A Z
N F A H C I N W A X H J Q N E Q
M U K T H G I N E M A G X M S Q
M Q V N C N X V A F G D U R X A
```

GAME NIGHT
FIVE GAMES
POINTS
CHARITY
ANSWER QUESTIONS
BONUS ROUND

NAME GAME
DESCRIPTIONS
GUESSING
JANE LYNCH
SEAN HAYES

Solution on page 85

Page 27

Idiotest

```
B I Q T Y Q I A B N B O D P S
I R T H C V A Q E I O O F L U P
X Q A G N M S I N H N N X M Z C
U Q W I J S T Z G W U L M J Z J
F U X N N W S M L U S I P Z L C
N S E S Q T J K E A R N K D E P
R C G E Q S E Q I M O E X R Q X
T V D L H E Q A B M U G S C U G
S S S G Q T U G S O N A R Y E K
O U Q N Z O M Y R E D M I W S G
V C D I S I O L Z A R E O A T L
R L L S A D L N C S H U J I I C
O A R G X I H S K V L Z U G O W
Z N D H Y K S N I P W E R D N R
M I K E C A T H E R W O O D S T
S O F G Y O E L J F J O M X T O
```

BRAIN TEASER
PUZZLE QUESTIONS
BEN GLEIB
MIKE CATHERWOOD
DREW PINSKY

KIDIOTEST
SINGLES NIGHT
BONUS ROUND
USC VS UCLA
ONLINE GAME

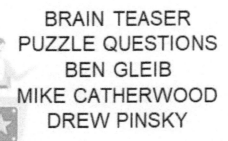

Page 28   Solution on page 85

I've Got a Secret

```
O G S R L M T L O X F E Z T W H
R C E I R S B J N G M C S Y H I
A J C F V G Y R X A N E S U I D
I C M U U X Y N G T U C T S S D
C I M F P A V G Q G Q A A Z P E
B V M H S A N H Y F Q N R N E N
W Z S F I I T T C V W V T C R S
W T D J S W I I R W Z V E L H E
B X O S S R N P O F C P D T W C
G P E V B C Q H W N Y Z K T V R
Y U C E H R C K A K G V F B F E
G V L C D M V M P U F J C Z N T
T E R C E S Y T I R B E L E C S
C D I S C O V E R E D P L U T O
T W O C O N T E S T A N T S O O
C H E S S C H A M P I O N U A P
```

HIDDEN SECRETS
TWO CONTESTANTS
CELEBRITY GUEST
GUESSING GAME
OCCUPATION

WHISPER
CELEBRITY SECRET
DISCOVERED PLUTO
STARTED KFC
CHESS CHAMPION

Jeopardy

QUIZ SHOW
CLUE ANSWERS
TRIVIA CLUES
CLUE CREW
DAILY DOUBLES
FINAL JEOPARDY

ART FLEMING
ALEX TREBEK
MIKE RICHARDS
MAYIM BIALIK
KEN JENNINGS

Legends of the Hidden Temple

```
F V K S S T J T Q C W Y B O K I
Z X Q Y X D Z V V I V E L R C Y
U W R E D J A G U A R S U A R J
A G E K L H J C O W D T E N I U
O Q B N C D E L T E N O B G S X
E J S O T M M F H K K R A E T W
Z G S M A E T X I S T R R I E Z
M J P N C W M R S N D A R G L Y
W A N E D O K P I U S P A U A E
R K T E H F Y F L Q N E C A A R
F A Z R O F X X A E O L U N L D
R N H G L G B O B D W P D A O P
X W G N R S H V Z S O R A S N E
Y I A H D Y R D P C A U S E Z C
E X F E S S X C U Y T P J M O H
S I L V E R S N A K E S N P C A
```

TEMPLE
OLMEC
SIX TEAMS
RED JAGUARS
BLUE BARRACUDAS
GREEN MONKEYS

ORANGE IGUANAS
PURPLE PARROTS
SILVER SNAKES
KIRK FOGG
CRISTELA ALONZO

Let's Make a Deal

```
M T J V T B A N O U N B C T E O
E O X T J N O T L I H B O B N F
R B L I Q U H C R D Q Q L D V F
C J S S Z Q S W A B X N L B E E
H G L Z T Q E S C J B B E I L R
A M A Y E S M M E P Q Z C G O I
N K E B K R U A D N L E T D P N
D Q D F F C T L K Y R U I E E G
I V G W E S S L R R J M N A S C
S K N I U R O C A Z O T G L V A
E E I Y E X C A M B M J M I X S
G E K D N M Y S I Q T O O O K H
J H A R C Z Z H A Y G N N A T Q
R R M Z S J A M H H A L E I M X
T Q A F E B R W R T G O Y E M E
B Z X D F W C M O N T Y H A L L
```

TRADERS
MAKING DEALS
CRAZY COSTUMES
OFFERING CASH
SMALL CASH
ENVELOPES

COLLECTING MONEY
MERCHANDISE
BIG DEAL
MONTY HALL
BOB HILTON
MARK DECARLO

Page 32

Solution on page 86

Lingo

```
G S B M V M K B K M N A U D O X
O U X Y Y Q X W B W V B T I Q P
S L E I N A D N I T R A M E G B
T F P S E C A P S L L I F C T I
M G P M S D N O C E S E V I F B
H S B N Y W C K M J C E V A Q A
K Q T T X I O T T K J I L D Q M
K I K Z O C A R G J N E S W Y O
K P M T X V N V D B I N G O P S
N Y Q E Q R G V X S S V L A B Y
M I C H A E L R E A G A N K K J
F A I L T O G U E S S G S Q X V
W Y I N V A L I D W O R D T Z K
R A L P H A N D R E W S S Q X N
U G B D J B S W X W Y F S Z O K
A D I L R A Y V N K D P W C P D
```

BINGO
GUESS WORDS
FILL SPACES
FAIL TO GUESS
INVALID WORD

FIVE SECONDS
MARTIN DANIELS
ADIL RAY
MICHAEL REAGAN
RALPH ANDREWS

Match Game

```
O H Q C S U N G A M S C Y J H T
R Z P A N X U C A D J L V C X W
G X Y P D V R G P Q L I T L H O
K M G M D B T A J I Y A C M J R
D A E H O T D A E H M N A N W O
H O E G G V N R Q E H T L J X U
L C C I H O S F C M C I W O Z N
I B W X Y E V N G H P H U Z A D
L C F M L W E V A Y A U E I X S
G P V R U I I N D E X C A R D S
H A A N D B S U P E R M A T C H
L H A U R W S T A R W H E E L F
C Y A O E F Y Q R L F U Q R D B
X F A R J T Q N X N F D S Z Q I
A L S I G G O A G D Z N G D N V
T W O C O N T E S T A N T S A O
```

MATCH ANSWERS   CHARLES REILLY
TWO CONTESTANTS   SUPER MATCH
TWO ROUNDS   AUDIENCE MATCH
A OR B   HEAD TO HEAD
INDEX CARDS   STAR WHEEL

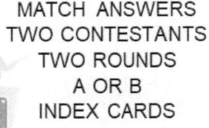

Minute to Win It

```
S K S A T N E T S I M R F B X O
V M K D F I N Q U P Q O Z S W F
S B K Z Q I M U V V E A B M F S
I Z W X Z K E E M C O K D Y R M
X U J O N H O O L O P A Z A Q Z
T Z A F W D L H G I L P L T Z Q
Y G D Y G D N I L A M L N A E S
S A K L V U T Q D V O I E G T Q
E R G R A D Y N L D W M T E E A
C B Q E C O O F N S A Z P S C Y
O E Z B V L J O I G O F Z V E T
N D M M T A I G D E H B H D M B
D C C I K L I R G F R Y E G N Q
S S N K L G A F R E X I Q E J W
H N Q I U O N L R N L Y M C X S
B B M H B A B Q Y G M U G T B Q
```

TEN TASKS
TIME LIMIT
GUY FIERI
SEAN L MALIN
KIMBERLY FOX

MILLION DOLLARS
SIXTY SECONDS
APOLO OHNO
BOARD GAME

Solution on page 86

Name That Tune

```
J Q F G S L I P X A T K B P P M
Z U T O L I P V P S C O I I T O
W H N L B I N W C D L Z D C W N
F W B D L L V G E Q G I A K O E
H S Z E T E J E A D F I N A P Y
W Z Y N I E Z U B T T B O P L T
C E O M G M L B O A U N T R A R
O N J E P Z P H K K N N E I Y E
O D D D D Y R T H M B D E Z E E
W S B L R S C N C T B G O E R S
E T T E L U O R Y D O L E M S P
V P R Y R A N D Y J A C K S O N
J A N E K R A K O W S K I Z H A
I B T P G Q Y Y F X M E Z A R V
M W R M L N N J D Z K O I J Z U
Z M S V Y M L B E O W V O B P S
```

TWO PLAYERS
LIVE BAND
GOLDEN MEDLEY
MELODY ROULETTE
BID A NOTE

MONEY TREE
PICK A PRIZE
SING A TUNE
JANE KRAKOWSKI
RANDY JACKSON

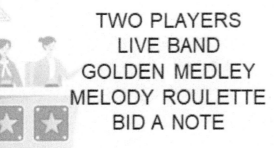

Nickelodeon Guts

```
F F Y D O Q A H S S A K J R X H
N J F E G L N D R H K H U P A M
H D W C S B Y O J D G T Q X S B
D C I B P E T M S K A O Y W Q X
U Q I B Z A V K P W O G Y V Y J
D M N J U U C S D I K E E R H T
E I Y T T Z W T W C C H E W K M
L I C P K O X X Q G O S C C E U
F A J H O A P B N T M S T G O C
S H O O T I N S T E A M A Y D C
O U G C C K M A O B Z C L X L M
Y A C T I O N S P O R T S U V E
Q E Q K P Y E L L A M O E K I M
O H O S K C O R G N I L B M U T
L O U D S O U N D S U W S W W V
M U V C M H A A J S I S N B E E
```

THREE KIDS
ACTION SPORTS
OLYMPIC STYLE
TUMBLING ROCKS
SHOOTIN STEAM

LOUD SOUNDS
ACTUATORS
MEGA CRAG
MIKE O'MALLEY

Solution on page 86

Page 37

One vs. One Hundred

```
S H A P T S H A B K B A T C J E
Z T X I Y G G O Q O A S I L W J
V I N S A H M T E Z M X I U X A
P P B A S E V N R F A E O N M Q
B O M E H T L L O P A W H L H K
R O T T E G A S B O B N A T B B
L U K O N E C O N T E S T A N T
U S N O I T S E U Q R E W S N A
A K A L I M U S C L E Z A D I G
B C A R R I E A N N I N A B A L
A U R O R A D E L U C I A R I T
P A T R I C I A P E A C O C K A
D I G I T A L M O B S T E R S W
E C M E N T R U S T T H E M O B
V C E C L A K G L V B A Z Q K S
W F A K E G P P F D O J U J Q B
```

ONE CONTESTANT
ANSWER QUESTIONS
DIGITAL MOBSTERS
CARRIE ANN INABA
KALI MUSCLE
AURORA DE LUCIA

BOB SAGET
PATRICIA PEACOCK
THE MOB
POLL THE MOB
ASK THE MOB
TRUST THE MOB

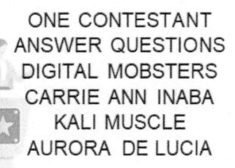

Password

```
C S K P A L L E N L U D D E N P
E I H D A B E R T C O N V Y Y A
L N Z H K T A Z T C N B N B Y S
E G F W X W T R J V K J U S V S
B L C K E Q Y Y Y X Q J O E K W
R E H K Y D D M D B K A K Z R O
I W I Y D N E L L U C L L I B R
T O F A B Y N G O B K L T R O D
I R F L I P N V E C D E Q P L S
E D D N N X E M Z N S F H H L J
S Y D M D H K Y Q X E Y B S H C
R S E M V M W F H W U W F A F L
P H N B F I O U Z J Q C O C Z E
I W M G R K T V K V E I M O X J
M Y S T E R Y W O R D S C E D M
S U S A N R I C H A R D S O N E
```

CELEBRITIES
PASSWORDS
CASH PRIZES
SINGLE WORD
TOM KENNEDY
ALLEN LUDDEN

BILL CULLEN
MYSTERY WORDS
PATTY DUKE
GENE WOOD
SUSAN RICHARDSON
BERT CONVY

Pointless

```
N E H R T S P Z N A M J E S E R
A R D T T I S O I D U J T R O K
M V C Y R C I V I Y V N Z W R X
S Y Y Y P T I G V N A R T V Z N
O O X T Q R F R R T T A B M T H
D P X P T A W J S B G L I R U M
R V E V J T N E B E D U E W U P
A W O N K U T J R R S P E S I U
H F D R E N A U J P W O W T S N
C M H T O N C C B Y H P M E P Y
I P Z C S S D A E H O T D A E H
R B O B B Q C E A J N S E I Z G
S W D O I K Y E D H C A G C P V
T H S L K G A T W P E E Z Z H Y
S A R A H D U N C A N L U V K Z
P I C T U R E B O A R D I Y T V
```

LEAST POPULAR
OBSCURE
TRIVIA
POINTLESS
TWO CONTESTANTS

OPEN ENDED
PICTURE BOARD
HEAD TO HEAD
RICHARD OSMAN
SARAH DUNCAN

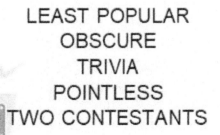

Press Your Luck

```
N K D A S X V B O P D W S Y T I
A E H S W K K P V G S J G H A U
M N I P S E N O D K X E E I K Q
D Z M L O O U Y N B T D Y G E J
L H L U R U J S G A T J V H T V
E T K N E O P B R Z R T G S H O
F N X X N Y S T I P R H Y T E J
R U Q T S L S S A G I K L A L Y
E A B X I Q O I U F B C A K E F
T Z V H C W K W K N W O E E A R
S K I K Y O E B I J F F A S D N
E T S E H Q W I O D J P H R S J
H Y J X T B E Y W P T I Q P D G
C A E S A V O I D W H A M M Y X
S U A L C T R I V I A R O U N D
E L I Z A B E T H B A N K S C P
```

STRATEGY
HIGH STAKES
AVOID WHAMMY
TRIVIA ROUND
BIG BOARD
TAKE THE LEAD

ONE SPIN
ELIZABETH BANKS
NEIL ROSS
CATHY CISNEROS
CHESTER FELDMAN

Pyramid

```
B I L L C U L L E N T Y X M B T
M W X S D R A C S U N O B H I U
L U W D I E N Q Q D C B Y M G U
J L I R O C B Y M N O H I I S S
W C P A L H U X K U A W X C E F
N D J H A H M D U O W F Z H V P
S I X C A T E G O R I E S A E M
E M F I J V Y V F E E L M E N D
M A C R Y E I I D L O T A L M O
C R B E S B R Z L C M L E S N X
N Y C K H B K C M R E R T T S T
J P X I Y I I U M I T R O R F D
X C E M R T H V U C S Z W A P O
J O H N D A V I D S O N T H P V
D O N N Y O S M O N D X G A X B
S E R I E S O F W O R D S N B P
```

SERIES OF WORDS
TWO TEAMS
SIX CATEGORIES
BONUS CARDS
BIG SEVEN
CIRCLE ROUND
PYRAMID
JOHN DAVIDSON
DONNY OSMOND
MIKE RICHARDS
MICHAEL STRAHAN
BILL CULLEN

Remote Control

```
N W E V G Q R H B F L P T C I C
I L I L H A T L I V N O X J O N
N J E A L W L N G Q K P N J L N
E J O S K I T S S F Z C R U M E
C L M R C Z E I C Z O U G I H M
H R C E O I C F R Z W L Q V L A
A U C N L W M K E X Q T O F P B
N J X I C S A G E O M U Y K B G
N W T L E L A L N Z Z R V D R S
E K R C H X I V T O R E Q U B X
L P T E T K K F V T I E W B Y O
S L O R T N O C E T O M E R F C
B K L Q A B A S E M E N T O K L
K Q M A E J O E D A V O L A D X
S Y H T B H E Z D R Q B U G M Z
V R M D R G U E F A F R L F C X
```

RECLINERS
BASEMENT
BIG SCREEN TV
NINE CHANNELS
POP CULTURE

REMOTE CONTROLS
SKITS
BEAT THE CLOCK
JOE DAVOLA

Sale of the Century

```
O R L Y L U X U R Y C A R Y S S
Z Y K N J O U A P P U G O N E C
X W F V O R L A W I Y C O J U O
E R V H R W N Z I D O I S A L R
S M P Y Y G J F Z S T F A Y C I
C Q A A R P J U T S Q S L S C N
A U N G R Y D Q E L L S L T S G
L M J S E C V U X L J H Y E G D
A O F M P M Q M H Q S Y J W M O
T H B O M A A B D K F V U A E L
I K Z M I V Q F M M J N L R O L
O E S V J X L L J D W H I T B A
N R I N X N Y K R Y H O A R Q R
D R O F L U M U O L B H N Y I S
T T T P Z Z X D E U U J Q C S Z
O X U N X B Z W F U O C Y W N Q
```

TRIVIA QUESTIONS
SCORING DOLLARS
FAME GAME
CLUES
LUXURY CAR

ESCALATION
JIM PERRY
LOU MULFORD
JAY STEWART
SALLY JULIAN

Shop 'til You Drop

```
S T F M Q Y Y F S K P W E U T N
T X O A A Y K N V D I G X I U L
U H U R L Z W K Q W X W F X L P
N H R K E Y S B J J X S Y A G M
T P T L L P L G B V A N M T P D
R Y E W G L P T L N X G V Q R D
O I E A D P D O C Y N W A S Q W
U B N L O Y J K H I Y J U I B V
N S S B D N A D P S A M Q X Q X
D J T E U D E P P V E M C P H R
S Y O R T B O R Q T Z N H R X H
C I R G N H D D U U V Z O I A I
A O E Q S M I Z Q N V T L Z D W
H R S M A E T O W T N S V E I T
B K B V D E N H K F R E J S U W
J D R O B E R T O M U H R C H G
```

SHOPPING MALL
ONE SHOPPER
SIX PRIZES
FOURTEEN STORES
TWO TEAMS

STUNT ROUNDS
ONE RUNNER
MARK L WALBERG
JD ROBERTO

Solution on page 87

Page 45

Small Fortune

```
F V N Z S Q W X C T J E R S V U
P A G L P F S G O E C I E C D I
L O M N P Y P R E A I P A A W A
M N X O X B E E E M C P L L E Z
V O C J U R W N R U H S L E D J
R M K Q G S T H H S B I O M C H
D T V F Y O P C T A O T C O A Y
S H R C P M N E F E D M A D S X
M D Y K C I P R O M N J T E H Z
C G C R Z V V F S P M K I L P D
Q A Q N Q S E F M Z L B O S R B
J W E I H D I E A P F E N J I A
L F T K F U V J E L Q S S G Z R
B T Z W H Y N F T Y I O K Q E E
Q L I L R E L H O W E R Y V S D
J K Q L L Y Y W F H V X S J I V
```

SCALE MODELS
REAL LOCATIONS
JACKPOT
TEAMS OF THREE
CASH PRIZES

FAMOUS PEOPLE
JEFF RECHNER
LIL REL HOWERY
TEAM USA

Page 46

Solution on page 87

Snap Decision

```
V Z K D D N M U Q S S E S R S Z
B J S M P E E G P A D F E O D V
D Z K W J I S I M M A I R A N U
W D W I O Z L O E A R D L X U R
Z A L I A C H L N G N P Q R O K
W Q D G O T E T N A Q D A Y R M
Y R S E K Y H A X N P N A Q E H
Q F D C B C L E T Y D L D Y E Y
O I I I X A L F W O L K Q Y R F
V N Z P D A D U M E I B O N H F
H C E I E U K F N U F Y K I T T
W E V K D G A I U B U P S U H I
J A A H P C I B D V X A G T W
D L W T T I U X C Z Y Z H E J V
B L X S N A P J U D G M E N T S
L I B E R T Y H O B B S Z G G Z
```

SNAP JUDGMENTS
VIDEO CLIPS
RANDOM FACTS
THREE ROUNDS
DAVID ALAN GRIER

NICK THOMAS
BLAKE ALEXANDROS
ROY ALLEN III
LIBERTY HOBBS

Spin the Wheel

```
H C A D O C P I C S I X K A X A
A Q C T A D I L O P D M Q S F N
J Q M C K X I E A Z R Q B D X D
R D D V T D S E L L O R R A H R
Q E H M N J N H F E I L E R S E
W P L O R Z A W E O X K J Y L W
G G E M C A M E X P I Z A P F G
R K E L I S L H N C A B B D Y L
T N H S L I E T S C D R S N S A
R X W P G A Z N Q G Y M D M T S
R Y T D G Q N I P S K C I U Q S
V K N I I X O P H H M Z K O P M
Q W A X X R K S Y S O T M M L A
S M I T H F A M I L Y U C R M N
A W G T I C R U S S E L R O P E
T R I V I A Q U S T I O N S B H
```

TRIVIA QUSTIONS
GIANT WHEEL
QUICKSPIN
SPIN THE WHEEL
ANDREW GLASSMAN
DAX SHEPARD

RUSSEL ROPE
KONZELMANS
FEILERS
SMITH FAMILY
HARROLLES

Supermarket Sweep

```
T P E E W S S U N O B B X O P R
M E O F B T T M T X U J V N I A
P E A I P E E Z D K V H G A D S
N W X M Q S A Z O R S G F B H B
M S F W B S M E U L X D G O M I
U I O V V A S U B M O B P U D L
T N E H B O S V W O A P X G R L
D I G Y D D S E F L I U I Y Y M
B M U J Z B U X D N X B P X C A
B I G S W E E P G Q H I X U D L
I Y K Z A U R C H X U S Q J B O
H L E V D N A S P U B I C Z F N
C F E Q V R F X I M K O Z Y B E
Q U E S T I O N R O U N D Z R R
E C H S S U P E R M A R K E T O
A C A R O L I N A D E L G A D O
```

TEAM BASED QUIZ
SHOPPING CARTS
SUPERMARKET
FOOD FAIR
TEAMS
QUESTION ROUND

BIG SWEEP
BONUS SWEEP
MINI SWEEP
CAROLINA DELGADO
BILL MALONE

Solution on page 87

Page 49

Survivor

```
T P N L F Q Y S U P P L I E S Y
H I I S J B D X F U J I L G J M
I E I I K E N Y A C F I F N D U
R G L X C G A X B I Z T L C K U
T W H T G R L Z Y A S E B I R T
Y D B E K E S C R W V Y X H N K
N Y W E K M I B N I F R A M E S
I W G N M A E E U S Y O J L B F
N F J P Y D T L I V E O F F A U
E L G L Z I O I S O L A T E D M
D E O A M C M W B P C O F V C G
A C W Y P K E X C D Z S E J T R
Y A O E E K R G F E K S S A X I
S T D R W Z E G D Z H B O J N E
V J L S K C J F A A Y E Y P X W
J E O N O J A C T Z C P S T M P
```

SIXTEEN PLAYERS
TRIBES
REMOTE ISLAND
ISOLATED
LIVE OFF
SUPPLIES

MERGE
THIRTY NINE DAYS
MALAYSIA
KENYA
BRAZIL

Tattletales

```
B E T V B W F D G R G S Q S X H
O D R B F H C P E I I S D K G E
B F B Q P E O M N T O S C P B S
B L V S S Y L C E S A R X I E A
A Z Z W N F O T R E Z L S U C I
R A I P V V R P A V B B O G B D
K Z V O Q P C K Y I P X J S G S
E A F C C G O B B L T C Y S I H
R P Z H N A D C U L G W W J A E
P R H E E K E Z R A N K C A J S
G X V E B I S O N N B V G M P A
B E R T C O N V Y O T V Z D N I
L A N B S N O I T S E U Q P N D
E S N O S W A D D R A H C I R A
A S E N O H P D A E H F L O V X
B O B B Y V A N C P R M E D O N
```

PERSONAL LIVES
QUESTIONS
HE SAID SHE SAID
HEADPHONES
ISOLATED
COLOR CODES

BERT CONVY
GENE RAYBURN
BOB BARKER
BOBBY VAN
JACK NARZ
RICHARD DAWSON

The Amazing Race

```
F H U Z I K Q Q D S Y J O O A T
Z O B A D J M S O D M Z N C M H
I D R I R A C E T O F I N I S H
S M A E T E L P I T L U M Z X S
G X Z X I N A H G O E K L I H P
X Y I V I G Q P L P V V X J S O
Q J G I P F N W W K A D N O R T
K P G F P C N A B C R D G Y K S
E W G M W N X G R P T P S C U T
C Q I A B C M T K E R L S E K I
U C H E N N A A G U A K W A N P
I W Q N C V E T Z K A S X G G G
T H E R A C E B E G I N S U C V
X L D Y T M Z Z Q M A M K N B M
R J Y S Z E R G M P A R C P N D
P P U Y G X T V W Q W Q V R I L
```

MULTIPLE TEAMS
PHIL KEOGHAN
JOYCE AGU
UCHENNA AGU
THE RACE BEGINS

RACE TO FINISH
FOREIGN AREAS
TRAVEL
PIT STOPS

The Bachelorette

```
E N J I O V Q I K T T J B C U R
N S J E S F C V A A T E I H D A
W E B F E T S A I Y J R I R V C
F N I Y V F D N T S F R S I Q H
H R Y U L O J Z H L H Z Y M S G E
E T O Y N L Z Y A Y I A F K H S L
Z M X I E A C L N A I E R A V L
Z E C C U L N L B A V R Z R Z I
S K P K R S N E R D X R O R R N
N A A V T L T U I A J I R I Q D
H L G I D T T J S M X S C S G S
B B C A N V N X T S R P I O N A
Z Z T L I Q B L O B K I X N S Y
O D I L F Y A E W R V S B Q C Q
J E T T E R O L E H C A B Q K B
J O E L L E F L E T C H E R A U
```

BACHELORETTE
FIND TRUE LOVE
CHRIS HARRISON
KAITLYN BRISTOWE
TAYSHIA ADAMS
NICK VIALL

BLAKE MOYNES
JOELLE FLETCHER
NEIL LANE
RACHEL LINDSAY
IVAN HALL
JERRY FERRIS

The Celebrity Dating Game

```
C N B A G Z Q D P E O E R B S D
O L O E V O L D N I F E L A N E
G G S L U B U V Z L N P I G Z M
V H S A A R P L S H R S O A W I
P X J Z B N G I C T E T M B S B
K B D A H B G E K L M A G B V U
J J E Y T X O O G V N Y L C S R
U Y G G J K C I U X S E S O Q N
R C F G D H L K F L P D J O A E
F K N I E E N G T P D I D K V T
I J V I I Y M U T E D G S T S T
K A M R U S J J E H E G X I R G
D D B X B N J L B W W S D C P D
V A M I C H A E L B O L T O N J
G Z O O E Y D E S C H A N E L S
R A S H A D J E N N I N G S X I
```

FIND LOVE
ZOOEY DESCHANEL
MICHAEL BOLTON
JJ SURMA
TAYE DIGGS
DEMI BURNETT

IGGY AZALEA
NOLAN GOULD
GABRIEL IGLESIAS
DAVID KOECHNER
RASHAD JENNINGS

Page 54

Solution on page 88

The Chase

```
E I E B O B H A J I N E X A B C
C Q P T Z J S J T A C C N L A U
C S B Y W O I U Y A B N Z S G O
E R A C T F F R L A E S H U E E
N E V P D N Y L T H S B M Q H B
T S O C C N A N E D U C R M Z F
R A H J N W R G M I Q M A T D R
I H Q E N Y E Y L H Y M V J U Q
C C J U B R A D L E Y W A L S H
H E A L T S E P A U L S I N H A
F H A Y X R A F C C J F V Y W M
S T N A T S E T N O C R U O F X
Q X P O M P O U S G S S M Q K P
E V O Q H I R I X V R M M T M U
R B I L C Z K M O E L O X O Z B
M A R K L A B B E T U K T F Q L
```

ROSS POLDARK
DEMELZA
FRANCIS POLDARK
ELIZABETH
VETERAN

PRISONER OF WAR
CORNWALL
DRAMA
HISTORY
ROMANCE

The Crystal Maze

```
F S U X S B X X E B H Y E D A S
O W A N E I R B O D R A H C I R
O A D W M A Z R D M A Z O V R E
T R W M O R E D T E C F O I C D
B O W N D N L U C O M O B S A A
A V N P L A Z M S G A K Y M D E
L S S Q A B U P I W R E L G E L
L K A X T O L U Z O T R G I T R
E I N N S A W B Y Z I H A G S E
R W M E Y Y S U R N A Y H B E E
S Q H J R V N D D T L P L H G H
Y X L Q C Q S C S L A T S Y R C
N I Q E D A O Y A D R A H C I R
S K I L L G A M E S T H Y B C E
T C M Q K E D X G M S F K V D H
Q K E Y Z V J B W G F O W Z Z L
```

SKILL GAMES
CRYSTALS
CRYSTAL DOME
AIR CADETS
MARTIAL ARTS
COSPLAY

CHEERLEADERS
SWAROVSKI
FOOTBALLERS
RICHARD O'BRIEN
RICHARD AYOADE

The Cube

```
P Y S G A H F I G H C R H L O Z
N E X I M K N P T H O G O F F Y
I B R A M U L V L C N I U E N T
N U B S M P M U R N F T H R H E
E C S E P H L Y J Y I Q T E R I
L E H L R E J E A U N H B K W X
I H L W O Y X R T J E O L V Z N
V T X T Y G N C Y A D X M B S A
E W B W V I R N U Y S T V S L S
S N G Q I L C U M B Y K M O Y S
D W Y A N E W A D E E A S S A Y
C O L I N M C F A R L A N E S M
N S O O V O B G G E Q P D N F F
R P E N U S O U J N Y C H Z M V
D G Y Z Y R V T J W O I I X L K
N U A L T F R V D U F I Q Y Y H
```

THE CUBE
SIMPLE TASKS
CONFINED
PERSPEX CUBE
ANXIETY

NINE LIVES
THE BODY
DWYANE WADE
COLIN MCFARLANE

The Gong Show

```
P C J S M A I L L I W N O S N A
A A E A U N R N O C P Q U C D E
M P T L M I W T P A D J G N A C
A A N T E I G O E B J W U S J R
T T J C Y B E L U J E J R A L H
E M A A Q A R F R B O S Y N A B
U C Y E F K N I A O U H Q P H V
R C E H H G Y D T R M S N S V B
T O P T S M T O R Y R S G S I D
A R M D X Y X I A E J U H B O A
L M O E I R K E O A W U V M I N
E I R G B K B Z P X V S D Z A M
N C G N O G N E D L O G T G M I
T K A O Z C K X S S Z U M Y E X
M J N G B L X D L Y B J E Y C S
P H Y L L I S D I L L E R Y J Z
```

AMATEUR TALENT   ARTE JOHNSON
CELEBRITY JUDGES   PATTY ANDREWS
GOLDEN GONG   PHYLLIS DILLER
GONGED THE ACT   PAT MCCORMICK
JAMIE FARR   ANSON WILLIAMS
JAYE P MORGAN

The Hollywood Squares

```
S S P H E N R Y W I N K L E R L
E I X E S O L N I U P A Z Z M D
C M W R T R T N I D U I Y S G E
R O G M V E L P Q C N A I Y V I
E N T E R G R I N G B R Q X T J
T C Y X F R B M E A F A X R O C
S O E S L E Y R A S W E Y K X Z
Q W E F B B S J Z R J Q E U H X
U E A Q H M K N N Y S A G N P W
A L A K G O R S D A N H S T P Q
R L W S T T A X O S T W A V B R
E O F Q U C P O W L Y K T L Q R
T W O C O N T E S T A N T S L J
A Z U Y I G R T I C T A C T O E
Z R X F Q S E A H X J Y U C K M
N I W D L A B C E L A Y H U U M
```

TWO CONTESTANTS
TIC TAC TOE
JOKE ANSWERS
ZINGERS
SECRET SQUARE
PETER MARSHALL

BERT PARKS
TOM BERGERON
HENRY WINKLER
ALEC BALDWIN
SIMON COWELL

Solution on page 89

The Hustler

```
S J U W T A N T G H Q S L E N N
T N U A O T K X I J Z H V Q O U
N D M Q L H V N Y W B V B I I H
A Z P E W K T O S U X B T N T J
T H E H U S T L E R B A Y T P N
S W L T T X S E C Y N G U E E Y
E W Z B A D V M J I W O R M C H
T L Z Z I R Y H M T H S V T E M
N O U O V B O I S C O T Q C D O
O N P T I Y L B T N E Z J S D B
C A T D R E T A A O J X K T C K
E D Q U T B W L A L K D N X O F
V G Y O I P L Y I I L C G V G S
I B Q S A I F D H Z N O S L W Z
F W E O F F E F M V N E C F G T
Z C L E Z D H K B A K R D I T G
```

FIVE CONTESTANTS
COLLABORATE
TRIVIA
THE HUSTLER
ELIMINATION
PERSONAL LIFE

HINTS
PUZZLE
DECEPTION
MELON
WATCH OUT

The Joker's Wild

```
T O P I C V A R I E T Y A N Q M
I V K S X E C B T U U R N A L F
V D R Q R K A P J H U F S M L V
V D N U O R S U N O B E W E J J
R J I R R N I R K K D O E S O I
T E X C A J N I Y Y L F R A H B
J X K N A B O D B B E F Q N N G
C I X O J L S M A T R T U D N D
T H M I J R T R G G K H E J Y X
M W J C Z E Y L V R Q E S O J J
P J F W G K L A S O X B T K A I
F G H I C L E P E J J O I E C X
S L O T M A C H I N E A O R O U
J A C K B A R R Y R Q R N S B H
U F Z U K A Q J D I T D S N S J
B P J O K E R S J A C K P O T C
```

ANSWER QUESTIONS
TOPIC VARIETY
SLOT MACHINE
BONUS ROUND
CASINO STYLE
NAMES AND JOKERS

OFF THE BOARD
TRIPLE JOKER
JOKERS JACKPOT
JACK BARRY
JOHNNY JACOBS

The Misery Index

```
R E A L L I F E E V E N T S A W
X V N N F D E C T L Y R F Z J Y
Q N E X L C Z G N W B N Z O P O
O S T G G D G D U B O I R E S T
W H E N W E S M A S H T B G I N
J H L F M N W T P T X O E Z M E
A U S E Q N X K Z M T C U A J M
M M J K W D K U O M U E N I M S
E I C B S Y D M I P H R B W S S
S L C E H H C U P I L D D L W A
M I O B R I A N Q U I N N M J R
U A M D A N S N Q H K V S A I R
R T E H U F B S I A L G M G J A
R I D A P F X Z Y G C R C F P B
A O Y U Z O F K T M P B L H N M
Y N F J A M E E L A J A M I L E
```

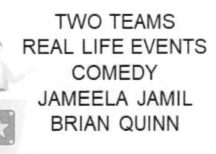

TWO TEAMS
REAL LIFE EVENTS
COMEDY
JAMEELA JAMIL
BRIAN QUINN

JAMES MURRAY
WHEN WE SMASH
EMBARRASSMENT
HUMILIATION

The Newlywed Game

```
S C O T T B E A C H V N M S C M
X E O N I T N E R A F S E M A J
M P L T W H T I M S Y L E E K O
R Q L Z I N A F G D P J L Y C I
L K B N D F W N C U O F E U B Q
L N E Q M P I J O S F E L S S I
Y C Z Z E L R C T S D O E A E M
U L C H A P D C K O A L H C K R
X R B E N E A N B M W I C S D S
G R V I I F A T F F C X I D E W
C E F R D B B M O Y S S M S O F
R B R R U J U B I E A K U G B L
Y A I E F G F I B F D O C C W B
M E B M C H G I L W P I F C U I
W O Y R H I I F J S H U V Z B L
B J O H N N Y J A C O B S E R V
```

MARRIED COUPLES
SPOUSES
REVEALING
VIDEOTAPE
WEIRD FACTS
BOB EUBANKS

JOHNNY JACOBS
JAMES FARENTINO
MICHELE LEE
KEELY SMITH
SCOTT BEACH

The Price is Right

```
H H I O R Y D E N N E K M O T W
Z Y A O T A P O D C I N V O U U
X S E M A G G N I C I R P X L C
J L E C A I D R B T U F Q I N I
U N Z Z E Z P Y E R A C W E R D
G Y Z J I L O F N K O U Q H G V
E K V F I R F F O T R Z P W U Y
V Z F A V E P A A U P A X R N D
Z X T X M O N M O K M Y B R D P
S E M A J S I N N E D I F B E J
R B I L L C U L L E N K D A O N
T H E S H O W C A S E P Z T P B
D O U G D A V I D S O N Q H L F
G T I B F I W N B I H J K M H D
B L R O K O G J C L I X S Z W F
D F F F J B J A J R I B V Q C C
```

ONE BID
RETAIL PRICE
PRICING GAMES
THE SHOWCASE
PRIZES
BOB BARKER

DREW CAREY
DENNIS JAMES
BILL CULLEN
TOM KENNEDY
DOUG DAVIDSON

The Singing Bee

```
M E L I S S A P E T E R M A N E
A R E G N I S U A T N N S N E L
I E I V O X G I C F E C L B N H
M H T R M E M S C N I D Y R O N
Z T B L M X B R O R D E J P S Z
I E G D E E Y T Y Y N B W B D K
N E L N J L A L X O K P V I I H
R B K V C F G A H M H X Y W V P
F S P L Y N Z F Q M G N R F A B
H Z N E O O Z Z Q B H A H I D X
L C O S R I A H C L A C I S U M
S J Q B C A M F V V B M R T A C
S I X C O N T E S T A N T S E O
V Q L J O A Y S X Y G N X R B I
P A R T O F S O N G D B U N U P
L O F P B E S M N I W Z S F R W
```

SONG LYRICS
SIX CONTESTANTS
MUSICAL CHAIRS
BEE THERE
PART OF SONG
JOEY FATONE

MELISSA PETERMAN
CJ EMMONS
BEAU DAVIDSON
HONEY BEE
SINGER

The Wall

```
A I H N S A J S X W X S E K Q F
F T H E M W O B T G B L S C U O
I J T D S A X H C T Y L A P E U
F O R E S F C O N T R A C T S R
T H L T M O U F V L R B T Q T S
E N I Q U P U U L Z E N T E I T
E A O G L H T A A J T E M Z O O
N N P E E K F T T Z D E A M N R
S D S L D E W H O N N R S C S Y
L A S T E H I G T B A G Z Q S T
O N C R H J Y A K E A C F T I A
T G F H F F W P N E E N G U H L
S E F F T M H C A X R A K L G L
X L A K W H N W B A D B A I I Y
C Z F M W W D D C L N R L N I V
C V C D Q Y W H D R A O B G E P
```

FOUR STORY TALL
PEGBOARD
FIFTEEN SLOTS
FREE FALL
ATTEMPT TO BANK
QUESTIONS

CONTRACT
GREEN BALLS
JOHN AND ANGEL
COUPLES
ANDREA AND TERRY
BANK TOTAL

Page 66

Solution on page 89

Tic Tac Dough

```
Z R U Q X U B Y E Q O E T T U P
N O T L I H B O B A L L R N D H
F K W M P T T W R B L A S D C F
D S K Q U C M C N N W D E J G G
I U H B A T H B A E G N C I X C
L H E T J I J K T J X I U M Y O
L R C Z E S N S V I D T R C V Z
A I Q L B Z Y C B E N R E A A V
T B A F F A Z T V N B A S L H J
C N Q P J R U Q V O O M Q D X S
G A M E B O A R D X K K U W Y C
V G E G H G W X C N F N A E L Z
Z S I G V M W J B J F I R L L G
T H O M M C K E E P Z W E L D C
D V H X Y R U B S I L A S T I K
A N S W E R Q U E S T I O N S X
```

TIC TAC TOE
ANSWER QUESTIONS
SECURE SQUARES
GAME BOARD
WINK MARTINDALE
JAY STEWART

THOM MCKEE
BOB HILTON
KIT SALISBURY
ARCHIE LANG
JIM CALDWELL

Solution on page 89

Tipping Point

```
B E N S H E P H A R D V R C F T
W P O P C N I T L I Y I F H O V
B M R D S H E L V E S C O R U E
P N L F C J N U V Q B K U I R Z
P H J B Q O C N T S A I R S C E
F D W P O R D T S O H G R T O B
H Z G Y I M E A F N U L O O N C
G A V G W H T W A O U O U P T O
K Y O Q K W N H Z Y M V N H E U
M M W K D R C C I W D E D E S N
T W N Y M D X L H V M R S R T T
N P I J R C H M Y N V U N H A E
I K M D C U X F Y H E S C A N R
T H I R T Y S E C O N D S L T S
L K K J O R Q A Z G C T Z L S A
V J A C K P O T M A C H I N E W
```

FOUR CONTESTANTS
COUNTERS
JACKPOT MACHINE
BEN SHEPHARD
VICKI GLOVER

CHRISTOPHER HALL
SHELVES
FOUR ROUNDS
THIRTY SECONDS
GHOST DROP

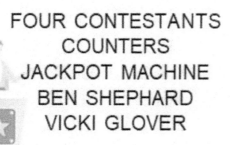

Page 68

Solution on page 90

To Tell the Truth

```
A N K S T L G J P K D H G C N F
N Q O Z L O Q U W C F W Z E I O
T R N T N X T Z M N N Q L L K O
H O T H O A G Q Q O I E J E K L
O E G M N R J U T R N L S B I C
N M V L N T I S O R A S R R G E
Y S Y T E K O E A G M I O I L L
A O M K L P D X T M W L T T A E
N W R W M S K I Z Y O R S Y S B
D D N O O T A Q G N B A O P E R
E I T S T F H D B N S C P A R I
R T B T W U N Q F K I Y M N C T
S B U D C O L L Y E R T I E V I
O Z B I Z M C U T K O T O L D E
N T L D Y X D X S N D I W V I S
F G C D K D V C E U D K T O B S
```

NOTORIETY
TWO IMPOSTORS
CELEBRITY PANEL
FOOL CELEBRITIES
VOTING
BUD COLLYER

KITTY CARLISLE
TOM POSTON
ANTHONY ANDERSON
DORIS BOWMAN
NIKKI GLASER
TOM LENNON

Tooned In

```
E G X R Q N H W Q N L X Z Z C N
L O E J S N O I T S E U Q C D I
N S U T I O F P E S L M J S G C
J O S C T W V M O T L E U Y W K
X Y K Z T O I E Z O F I T Y M T
U Y F U S T O E D B E K M I M O
A R B V E N X N H O C I T E G O
C U H M Z W K O E R P E H H Q N
U L I U I U A Z Q D F T R K F S
M L E T R P R H K E I F E R T W
S A A J P A S S R T V N E S D M
B V C F H A N A N A J P K O L J
W A C C S R V L X M O R I L W R
S M V H A G G P U I C D D F Y C
H A I D C G D S G N B H S V R G
J R A Y H I X T G A A S Q K J J
```

NICKY
ANIMATED ROBOT
THREE KIDS
QUESTIONS
SLIME
RAMA VALLURY

CASH PRIZES
GET TOONED IN
SPLASH ZONE
SLIME TIME
NICKTOONS

Truth or Consequences

```
J R A L P H E D W A R D S A Z H
T A L A R R Y A N D E R S O N O
R U C A X D T K W F Q Q I U N N
I C Z K O G K O F B P J J K R U
V A U Y B C W B U Y G C H W V Z
I T C H S A D V C X K Y Q C L U
A F Z L R R I T B Q W L R N M S
Q S P W E B X L Z O S F I M B F
U P P W K Q O R E K R A B B O B
E V I A R K H B O Y Y V L O V F
S D I L A T R C H K I N B R O T
T O X N B J L E L I U F P J N B
I L D Q B M L S N B L Z A H O M
O E N E N N U D E V E T S C U R
N M R T R L L Z J J L X O S B G
S T N U T S Y K C A W P R N H R
```

WACKY STUNTS
TRIVIA QUESTIONS
BARKERS BOX
RALPH EDWARDS
JACK BAILEY

BOB BARKER
STEVE DUNNE
BOB HILTON
LARRY ANDERSON

Twenty Five Words or Less

```
K T L A R K L F S C M W G Y G T
T W P H C M O F O N A N R W O M
M O N I I B D N U O R Y E N O M
S C N O L Q B V N D I H B R V J
G E J E L V A C D B E H N V S B
W L G G X P L L P O I F U X X X
H E T K D L S U R A V I R D N L
E B Y F W J E E O R H H G M K A
A R T R N A M W O D T J G Q Q H
D I E W T M K O F G I Y E J T Y
P T P W O F T R R A D T R N X T
H I K T W T Z D O M E W G B P C
O E B E F K E S O E R W G A N U
N S K D J B B A M A E V D L O L
E G Q H S R E B M E M E E R H T
S E P H C Q U R K S C E J I T E
```

BOARD GAME
TWO TEAMS
THREE MEMBERS
TWO CELEBRITIES
CLUE WORDS

SOUNDPROOF ROOM
HEADPHONES
MONEY ROUND
MEREDITH VIEIRA
GREG GRUNBERG

University Challenge

```
H Q Y H E Q S I E A E J J I Y Y
C H R I S T I C O L L E G E O I
C O L L E G E S P R R L W B P E
B R A Y O I C J X E O N E A P R
H W T U S X K X M W P G L O S O
J I E N B H A Y Z G E N P U E G
Q P A S V N P I K L P M M G T E
E C M E O A W T L A I Z D S R R
L G I O X G E O P J I I R Q I T
N O U M T B C D E R R F O O V I
S T A N D R E W S B J O F F I L
V N F F F R I M M K H Y X H A L
V I K H L M R A Y A U C O Y Q I
K I L B J F C O M P E G K C U N
M E R T O N C O L L E G E J I G
A U N I V E R S I T I E S M Z G
```

TRIVIA QUIZ
COLLEGES
COLLEGE BOY
JEREMY PAXMAN
ROGER TILLING
JIM POPE

OXFORD
ST ANDREWS
CAMBRIDGE
MERTON COLLEGE
CHRISTI COLLEGE
UNIVERSITIES

Solution on page 90

Page 73

Weakest Link

```
J P D E S M A E T J O Y P H C C
O L G Y E V N N I N X E C Z H O
H U B G T V P C M O I N R M A R
N N C Q T A S K I S Y O U G I R
C P Q S A Q K S L L S M G U N E
R W E Z R D V D E I J E E Z O C
A Q T I G B W N M W J H O W F T
M A N B E Y A U I A Q T R R A A
E G X P T J S O T R V K G E N N
R P Y X F J K R J B M N E Z S S
K D F V D N M X W E S A G R W W
N K J O C R R I U D B B R N E E
Y P H H R U B S T O Y R A N R R
A N N E R O B I N S O N Y X S S
X P K W D M D U A W B I T F J U
N R P I Y B V V X E J L S I T Z
```

TEAMS
SET TARGET
TIME LIMIT
CORRECT ANSWERS
BANK THE MONEY
CHAIN OF ANSWERS

SIX ROUNDS
ANNE ROBINSON
GEORGE GRAY
JANE LYNCH
JOHN CRAMER
DEBRA WILSON

What's My Line

```
S T S E U G Y R E T S Y M O F T
O L S E C F F O A D C A G K C Y
U P D Q W R B B I L K M O O H A
P S U G R E B E F S A Y K L L K
Y G Q F K C L R I B A N J K C L
S U A X N T E T T E W K A D K L
A W L Z B T R A E N D R G L Q K
L C Z B F E N L G R I R V W D A
E H F U R N G D P Z C G U O Z A
S J A J F N W A Z T O K N L E S
A R L E N E F R A N C I S Y I D
J O Y C E B R O T H E R S M B T
A O Y T O C C U P A T I O N M J
J O A N N A B A R N E S W W C G
N E H L B W N X M M S B I P U T
J A C K C A S S I D Y P Y H G V
```

OCCUPATION
MYSTERY GUEST
SOUPY SALES
ARLENE FRANCIS
BENNETT CERF

ALAN ALDA
ROBERT ALDA
JOANNA BARNES
JOYCE BROTHERS
JACK CASSIDY

Wheel of Fortune

```
S P E C I A L T O K E N S N Y C
A L E X T R E B E K P W C R P A
H K N E H Y G E O G E X E A V S
B T I X U K P E V V T L T C A H
G G F G D B S C F O O S O A N A
W D F N W O C W J O A G S R N N
C O I B L D I H W J N O S N A D
L B R X O A V K A I W J U I W P
T A G D I A C K D D Y D P V H R
X O V C P U J N R A K E P A I I
E U R X H U O A M D J S U L T Z
K Z E C S B Z U C D E C Z W E E
K S M U E T V Z F C S K Z H Z S
D X A U Z P O A L W S U L E C U
K G L K I X A L D E A T E E J A
Z C Z G R J Z R F Q S M S L Z L
```

WORD PUZZLES
CASH AND PRIZES
CARNIVAL WHEEL
CLUE BONDING
SPECIAL TOKENS
TOSS UP PUZZLES

CHUCK WOOLERY
ALEX TREBEK
MERV GRIFFIN
PAT SAJAK
VANNA WHITE

Page 76

Solution on page 90

Who Wants to be a Millionaire

```
R P S Y R V S G W K G T K U Q K
V M D N E I R F M O R F P L E H
H U O A G N O T I M E L I M I T
A N V L I H W W X Z Y B W X T F
N A Q H S V O R V E B B G Z U O
Y W T A P S I T F B T K U X P U
U D T G H B Y R S V G X J J N R
V X U Z I D D R T E C T M U I A
O W O C L V F U W H A M D P E N
F M N K B T F G V J P T O B C S
W N O S I R R A H S I R H C N W
F S B Y N O I T A N I M I L E E
M E R E D I T H V I E I R A I R
F A S T E S T F I N G E R C D S
H B K A P W S Y D P M A C X U S
H P M P S X X M R K Y H N G A P
```

AUDIENCE INPUT
ELIMINATION
HELP FROM FRIEND
TRIVIA
MEREDITH VIEIRA
CHRIS HARRISON

HOT SEAT
REGIS PHILBIN
FOUR ANSWERS
NO TIME LIMIT
FASTEST FINGER

Whose Line is it Anyway?

```
F G L Y C K Z E Y W O U O S K S
V O X D K O V Q W Y H K E X E O
A U U A D Z L T Y T K M B L S Y
O O Y R M R F I D O A G I N B N
U W F B P W E B N G I T C M I B
D M K E S E L W V M S Q Z R K Z
C D S N V L R O C N O H J O L I
L S K Y A W R F A A W C S F A G
X T X A X P L Y O I R T H T T R
V C D W M G R B O R P E E R D G
L X V I Y K X M P M M Z Y O I Q
P R C P O S E T O F M E C H Q E
V Y E Q F F F R G W O G R S T L
Z E H M W K P H L R D Z T S M P
S C E N E S A N D S O N G S N X
D E N N Y S I E G E L V Y Q E U
```

FOUR PERFORMERS
SCENES AND SONGS
SHORT FORM
IMPROV GAMES
PROMPTS

DREW CAREY
COLIN MOCHRIE
RYAN STILES
WAYNE BRADY
DENNY SIEGEL

Win Ben Stein's Money

```
N M G Y U C P R U Y H U Z X P J
W R W Q K A B B E A P T O U C P
Q N K R A M I D I E H O T C F A
N F R B P L E A Q K H Q H S V D
L M T Z L N K B Y F I B W R J A
Q G L N T H R E E R O U N D S M
B D Y N D J T L E P V V B O P C
I E D G C O H D E U O G R E P A
A J N A S S M Q Z D W M U O M R
A I E S J I M M Y K I M M E L O
D R U J T S A L I A C O N O N L
I P X F U E U K F M M W X V Z L
T K V O C J I K O M L Q M N U A
D W P K O I R N E T F O T S E B
N A N C Y P I M E N T A L G D D
G Y C L N K A T I E K I M M E L
```

BEN STEIN
THREE ROUNDS
TOSS UP
BEST OF TEN
JIMMY KIMMEL
NANCY PIMENTAL

SAL IACONO
ADAM CAROLLA
BILL NYE
HEIDI MARK
KATIE KIMMEL

Win, Lose or Draw

```
S N S B B E H W T T Y H V N A D
R M T E L P O E P X I S I I H A
N O S R E P S U O M A F C C K E
Q F L T F E H X K K P T K K R D
U H L C P R A G Q Z K J I H X R
R X I O L B O T E N L O L A A A
B F M N V G D N H N I E A N T W
G X B V M D Z H M T N P W C N P
Z L O Y N R B Z H Y D A R O I I
U D B T E G X O R L A S E C Y C
A M E S S W T N K N B Q N K X T
P I C T I O N A R Y L U C D O U
T W O T E A M S U F A A E E B R
M K E V Z E F N K Z I L B Q P E
P I W N S E I H C I R E N A H S
B V S V V H M W L K R O Z Z B V
```

TWO TEAMS
SIX PEOPLE
FAMOUS PERSON
DRAW PICTURES
PICTIONARY
VICKI LAWRENCE

BERT CONVY
LINDA BLAIR
BOB MILLS
SHANE RICHIE
JOE PASQUALE
NICK HANCOCK

Wipeout

```
T T Y M X G N D K L E S D W R J
W H W Q Y L S M G D I X W T O O
E A P I O T Y M L P E Y Z L O H
N H Z L F K X F I Q G D G O B N
T I N S T C E F F E D N U O S C
Y C A M I L L E K O S T E K T E
F S T C E F F E L A U S I V A N
O E N O Z T U O E P I W V E C A
U L Z J M A T T K U N I T Z L U
R C P J V W G D K X E W G M E Z
M A H E G N R C N Z N F K I C F
I T E P I Z P L E P F V Y D O P
B S A K N I C O L E B Y E R U Z
B B C C O N T E S T A N T S R M
J O T D T H E H D C M K H K S Z
M N R V G H F G V I K H L G E C
```

CONTESTANTS
OBSTACLE COURSE
TWENTY FOUR
MOCKING
OBSTACLES
SOUND EFFECTS

VISUAL EFFECTS
WIPEOUT ZONE
MATT KUNITZ
JOHN CENA
NICOLE BYER
CAMILLE KOSTEK

Solution on page 91

You Bet Your Life

```
D E N A M E N N E F E G R O E G
X C Q V O E Q U H S L X Z O Q L
X M E P Z S L Y Z O Y C B Y U O
R H Q Y Q H I I X N E W I S E I
A D C H N E M U N X Y L F N S S
M P L H C I N A V D O R O M T B
O H D E Q Z A O X R A G A W I O
H U M O R O U S O O Q M L D O O
C A M K P V X N W W Q Q A M N T
U K L I D A E V K T K A V R S Z
O A U J N L X I D E G V H Q X I
R N B Q Y X M B Q R S R P R M N
G R G A N S K W K C U D Y O T K
P L J Q Q C G C W E R M T Q U J
V W K R G N U U S S I G J H R H
P H Y L L I S D I L L E R K Q T
```

QUESTIONS
HUMOROUS
GROUCHO MARX
SECRET WORD
TOY DUCK
LOIS BOOTZIN

PHYLLIS DILLER
GEORGE FENNEMAN
MELINDA MARX
JAY LENO
MO RODVANICH

101 Ways to Leave a Gameshow Solution

```
S X K U R J B X N O S I I N B D
D R O P I N T O P O O L W X X J
T N O H V S C O T T L A R S E N
J A C K P O T P R I Z E B E Z E
E X T R E M E S T U N T U Q I H
Y F M T Z X O A Q T R P Z V R P
C G P D S W Q E Y G T J Z N P T
P A U L R I L E Y F O X E J H U
V E J D Y N T C S A V T R L S S
U M L K F I B G M X K O E Z A F
N M Z Y T J L O S W G P W T C F
E L I M I N A T I O N B O C Z E
E M E R G E N C Y E X I T O P J
M U L T I P L E C H O I C E I Z
L W R N W O B M C J G Z P Y A H
D T G M I X B Q E U L H Z G X I
```

Are You Smarter Than a Fifth Grader Solution

```
B D Q H K H U K V D G E Y H T O
H R F M P L X Q A K Z H H H N E
P I G L C W F X R P T E G P Z M
F M S P U P W F E R B Z F I T A
P I X M X N F E O P K D U F E R
H D F Z H G K W F V Z Q C K X K
O R Q T N F X O Z Z L E B L T B
N U F I H O H O U O R W J X B U
G U T L F G X D O T P F L J O R
T X C F Q K R H O Y K G X F O N
K J F S S M C A C O P Y Y R K E
Z E R O Z S Q F D D T X F Q S T
J C J U Y R A T N E M E L E S T
R R E L S I E L N O S I D A M Q
T R I V I A Q U E S T I O N S R
O Y T Q H P L R W L B T K F Y F
```

Awake The Million Dollar Game Solution

```
U I N B P K I V Z S N N E G B H
H D F V C B F O I L R R Y T S N
H I O U H K M F P A K U V N C G
A I G N T U O Y U B H S A C X J
C Q S H T D K N T C P S F G Z A
C J Q Q E S P I S Y G E C S A M
L G V Z P S L Y Y N A L O P I E
B P D T A E T E V G Z L Q Y A S
E W M Y I J R S E A X R R R D D
S T N R G S Y N C P U O I P A A
F Y X B H L B V I O U P V S L V
A F Q X O L J Y Z B R E H R E I
A G S M U I D O P F O E N I L S
S L E E P D E P R I V E D R K F
W H M H A R D T O C R A C K T K
L P T H E B I G C H E E S E S L
```

Beat Shazam Solution

```
F N L O B S P X E X B V I E P J
O A Q U X O U O G O D E C I L A
L D S C C P A I N K W I Z J A M
O J C T X V M U C R O Z I N Y I
S I U E T Z S P N H H S J C A E
F R S I P R C E C A S M Z D G F
P I P U O J A S X M L T M T A O
Y E L U D L E C C O A Y P L I X
O G N C M N C I K Y C H U Q N X
G D N U N Q M P S W I T Y Y S W
S F D I S H A Z A M S T T X T Q
C D R K Z Q Q U J M U A H Q A M
C O V N Y Y I Z V J M R E R P N
C C O R I N N E F O X X R N P X
I J P I D E N T I F Y S O N G S
A Q S M V O E Z R G G W L I L T
```

Beat the Clock Solution

```
J A Q D G C G E D R P K Z G W V
E A B G U B K E W O C S T L V P
R N Y K I H X Y W U M A T D R R
G D A D R T W H L N R T I B D G
H Y P I E F G D U E H L M N F H
F I R R L N L S U S T A E I H H
A K I J R O H A M E K U L A Q A
B T S Z N H B A R E H S I O I R
Y S Y I C E D B M R E U M O Z L
Y K A M E X M O Y D C N I Y U E
D L V L X H C X F M Q U T S O Y
P N I Y P Y T J S O U R F G W H
V A K T C X C E M T U X I X E U
K T K L V E M O N T Y H A L L F
X K M A J A C K N A R Z M A V F
N D C W E L T N H Z M O A Z C M
```

Cash Cab Solution

```
B T T S T T P G P B S P T X D J
A E H L E H U L V V N L R R O E
C J N O L R R V O T Y T F E U D
H X C B M V Q E O F M V M D B O
S Q E F A A I N E Y I L A L L R
A L I A R I S D J S T T Q I E T
C S L N Y F L C E L T U V G R M
L H I F A E O E H O G R I H E
B O N A N Y B N Y U B R I T D Y
I U G R H N S C J F R O R K E E
Y T L E O Z F H O D G C N I E R
Z O I P L H B U C T H K H U C S
F U G L L J R G M L S M L R S D
N T H A W T H J N Z G M P O W B
H S T Y E X J T W G K Y A C Q W
Z O S S G L M N N U D M D V F A
```

Cherries Wild Solution

```
I S S O L V E T H E S L O T S E
A L T W O C O N T E S T A N T S
F O X M K K O N F B B C P E E U
A T C Z R B J A S O N B I G G S
C M O D E L P U K O P S G F W J
T A Z N G S V V V B F P U O I T
O C M U A N U H I M Y X V U L A
R H F O O H S A W Z U Z J W D S
F I Y R R E H C D L I W A D S J
I N M Y E I Z G Y L M U C P P S
C E D A U E W T H K T G K M A E
T S M D S G S N D A J Q P A C P
I W T Y X E I P Z I G Z O L E J
O A K A W E X D I C R J T G P G
N Y X P T B L C X N C V U A V J
O N E B I G Q U E S T I O N X S
```

College Bowl Solution

```
P S T O S S U P E N R R N E O S
E T U P R O M O F I L M L A L A
Y U V R C N O I S I M A D W L L
T D R O F N A T S U Y L O E H U
O E V G C J Y Q E S Z B A H G M
N N S U P M A C E G E L L O C N
M T D U C E A N V L A A B B N I
A Q L A I W R D B A P P S Z G F
N U V L V K F I V K Q Z C N G U
N I B Y G I B H H D X Y K E F N
I Z U S Q A D C A Z A S K K O H
N N G T P I A S Q R J C Y A E G
G X L V W R R I O V V A B S T E
T K P H R C S U K N Z A O N P X
U V D V S M U E O F V T R T G L
N E A V E G F T U H X M M D N L
```

Countdown Solution

```
M Y X M T X W N W N U W X A K C
D K K U C S R E B L A O U R N O
R E B M U N D N A D R O W I O R
D V S S K L Y L V Y L X C T C R
Y J M O N D F H M T N L N H K E
P R P T C I M S B X I S P M O C
C E M C K O P I B Y Y M S E U T
D I A E Q X N G T B A Q J T T S
E V H U F D I N G K A T G I T P
J J C B V S D S O O N A W C O E
K D O V U U E H R R Z T Z G Q L
J F T H E M E D W O R D S S S L
R I C H A R D W H I T E L E Y I
O M O J E F F S T E L L I N G N
Z S C O R I N G W P V H W L A G
D E S L Y N A M U R D N U N O C
```

Page 83

Deal or No Deal Solution

```
F E M A L E M O D E L S I F A Z
N A B R I E F C A S E S M A C U
U O W P V W M U V W G A D M C H
L E D N A M E I W O H P A I E X
Q S R E K N A B E H T D N L P B
C J E J A P N R T X F M C Y T P
I O K U Q L C H T Z E W I V O C
X U N M C W K Y K G D F N A F Z
H S A C F O S L A E D L H L F B
O W B Q K E I N X B Z H E U E E
N I M K F H A D R V B D R E R I
W G S D S B J T A Q W M E S G T
L P A T R I C I A K A R A W O Q
Y B Y I M H P O X O F V B H P A
K O G U D M F E S F H O Q V G Q
U O L P B X A F V P R D F E D Y
```

Don't Forget the Lyrics Solution

```
W H U G B U A Y F M O O J R Q K
R A T J L O L N R B N I A A W A
I A Y R Q N Y F C Y T E C H A R
C L H N M E E Z V E P N E I M A
K B T J E U E P I P T G W F S O
E S A F Y B M Q A I H X P E N K
Y U R S D O R S V M M C P H F E
M R G H P I I A D X E E V R C S
I E C M A D T Z D G S G N O S T
N T M A S W I O V Y W G G A A Y
O L K D V I D E O S C R E E N L
R F R C U R T I S M U R P H Y E
Y O A O I C Z L B O P J B A H U
W Q M V C D U T X V U P T A M I
A I I D L Z X C U J A H X R D R
D I A N A D R A K E U I H B G K
```

Double Dare Solution

```
S T B F Y U R J Q J U F Z V X P
U W O A W V O O E R D I N V O L
P O D X X G B H R O O W B M I W
E M E Y A L I N C X R W F Z S R
R E P F T B N H Z O I Z A M O F
S M R U X D M A T D C K Q L Z W
L B C S V O A R Y V O T P E F L
O E R R Q U R V V S L H L S L N
P R P O A B R E H N B C A E H Z
P T G F O L E Y J U A O B F U T
Y E V M M E L X L T D E E U T T
U A X O W D L J S I K P B Q M C
L M L U C A A B K A M W R Q F F
L S D M W R O B R Q V A F P M K
F U H F K E K D K V Y I F D B D
J I M E S S Y S T U N T S A J C
```

Ellen's Game of Games Solution

```
M Y B K S Y A P F B T O J P N T
A P I U U T V O P S H Q K E A T
K G R D C I E R L S B R P A T H
E O P R L K Q P H V R N A B I E
I D M M Z G I I H C H H I S W E
T L M L X H P N J E W S S U S L
R R Y U Z U C T B Y N V Y A R L
A O J F S S H Y A L E B O C P E
I W S D T S S S X F A K O A D N
N R A I V C A I R I H S N S T S
R E P P O R D E M A N S T X S H
H G B Y P H I I K T W D H E C O
P N Y N D O Z G I A F R Y A R W
W A N N R R Z G Q M H S K P H S
Q D Z O H T I H A O P C V E U R
N B J C P U D X E L B P R D D Q
```

Family Feud Solution

```
S F A M I L Y F E U D Y G M C R
I U F Q P W C T C D R K E C O J
R Z R A N K C A J S O M O M N R
R Z N V Z K F Y S D Q X F B T B
A Y O Y E N O M T S A F F C E R
B H S Q P Y D I D Z Q U E D S C
K H W W K H Q C C R C M D C T Z
C C A I L H Y U L F F S W B A E
U P D T N U T C E K E J A S N I
H E D G D C R W T S J U R Y T K
C W R P O H A N E W T K D S S U
L B A C X S C S Q O Z I S S M T
U U H U V I Q C H S V K O U Q I
Z F C M F Y O U D O O W E N E G
R X I F A M I L Y T E A M S S W
D E R E N T A H S M A I L L I W
```

Family Fortunes Solution

```
C Z K S A F E V E R Y D A Y Q X
M L L R H R A M R B A B B A G E
P B R S E E S M B K L U F B D
Q S Y E N O M G I B E D Q I A O
M V Q I B O I H G L S A Q R O U
W Y B L I S F J D F Y Q Q E F B
F Y Y I Z E I H U I H F E Z T L
B O B M O N K H O U S E E Z K E
Q P V A L V R L E Q X D P U K M
L Y H F F U W F L V Q J I B D O
B K S O P E N N Y L A Y D E N N
V G P W T H X C Q O R K Z F A E
O A V T T I M E L I M I T J U Y
E L E C T R O N I C B O A R D W
J N C M I O Z U Z M D T G S I J
G I N O D A C A M P O I J H M J
```

Family Game Fight Solution

```
B S Q A B N B O U S X O I M F A
Q R L I J G O I E D B L U T U I
Z E A L Q D P M G N P I G B N R
E G J I X F A O K P D B E J H H
O J D C N G O V I O X D L J O E
J I E I E F C E P L R U C N S A
Y Q W G Y Q R G W A Y A Y Z T D
G I R I H O N E P M S F C E S S
Y A L A L I E E E H H A N T M C
L Q W L T I H N P Z H M I T G J
G D E A P S J R S L E I P H J T
E R T L X O I C V U N L S L E K
S O W A D Z E V R I L I H T N C
R P D E E S W B E R D E L N E R
K R I S T E N B E L L S K C I X
Z V C U C C J K F C I Y B H D N
```

Fear Factor Solution

```
R Y P L J T S J N C B O E B Y R
K E V H P R P I I K D L V V E D
G U L O Y E Q E K I J R N Y P I
U W Q A U S R D C Y P E E R C S
F N N A T Q I A V J D W A H L G
D P V X M I L C S S D C P C Y U
D F W Y R P O A A I U J L U A S
T B U Q A F I N R L F X I V P T
Y F D L I B D R S T S H T W P I
D S U G O E E N W H N T Y I O N
W A F H R T G K P Z I O U K I G
P Y P S I R C A D U L P Q N S O
U U M Z Y B N F J B N V S R T I
M N S T N A T S E T N O C X I S
C O N F R O N T F E A R S Y C G
W I L P I O Q E U I Y V G X O X
```

Figure it Out Solution

```
T L E N A P S N E R D L I H C Y
I T R S V I A R T E K G F H O E
M C I Q X G Y S N E Z X H W M S
E S A R H P E H T S S E U G P O
D Q Z A S P A U N I Q U E O E R
R G A F M S P L S E C L E M T N
O C V Z A L R N I L V R O S I O
U U O L K S T M U F I Q B B T D
N O E D O L E K C I N M D E I Q
D M O L T V L F A Q Y O E A O H
S S T O M N R D E B L I Y J N H
D A N N Y T A M B E R E L L I L
U Y W I M X V H G U W J J K U T
S U M M E R S A N D E R S E L S
M X M P Q L A M L C C U M D T F
S P E C I A L S K I L L S S B G
```

Page 84

Five Hundred Questions Solution

```
F H L T L X P Q K S H C V J C T
I U X U V C X P I L Z F U H H W
F K I O N E U R A L U G E R E W
T B Y Y W R P V I S H J C N V
Y H A B T A E R H T E L P I R T
Q M N T H X R H N W I L O Q Q S
U I N T T A Z O H R E I O Y E
E Y A L V L Z E H T O C S V S U
S D T L E P E I U Q G V X H I Q
T E K K I S F P V V E J S B X D
I F S G J C T S Y N T Z U U T R
O S Y U W X E O R F A X M H B A
N G N O I N T P N L C X T A U H
S V O F G N F C S E N H X N O C
R S K J R R E D E U E P P D Z I
V O D N U O R G N I T H G I L R
```

Floor is Lava Solution

```
P S C B T H K I T C H E N R O V
I L R S A E K I D L O E T U B J
T H A E W S E D Z K Y D U T S X
H V V N M V E D N W Q H H L T W
V R T O E J O M W B A O S E A D
B U B J E T Q B E W P Y I D C Q
B R C A O F A G H N P U Y G L R
K X I N X O C R O N T P H E E X
K J P A R B L R I M L A B W C I
Y G U I N O E D I U O M F O O P
A T X D D S Q O N I M Z R O U L
F S N N X E M O O R D E B D R U
Q D I I Y Q C I Z R U N J J S H
H O T L A V A T T L E T P Y E D
R E D G O O P H A H Y X R C R N
A B B H Y N Y I W R J R X M W A
```

Game of Talents Solution

```
C V A K I H C A S M A T O T P C
B N T P U X O Z F H N M G O A M
I S E J P U I Z W B H M K N S U
C X Q S M F F R Z S O S C Y S L
H I D D E N T A L E N T S A O T
P V I I U A L Z X F W N E S R I
T E U M N E X I N C A E U A P C
F W R L L D K V Q J Y L L C L A
M V O F H G P I Z P N A C H A M
H T M T O Z E W Q I E T Y I Y O
E H K D E R O O X S B N L K O U
G D Y L N A M S L N R E I A Q R
R Q L N X W M E E V A V W O X J
V D P G O F F S R Y D E G K N A
O T M I I Z G T I S Y S A Q X O
L O C K I N A N S W E R V X F R
```

Hole in the Wall Solution

```
M O N Z M E L J W P T S U X A S
S A O F A J L L X W R P P Q N V
I N T X X B A Q S S I E P I T Q
L F N T G X W E E U P E K J O F
V D I A C C G J U Q L D C K N L
E W W O Y L N W A K E W G H D Q
R X E V L Q I H G E W A R M U I
U V L F R M H F M K A L N U B L
N O A C K O C H T G L L T E S
I R D J G M A Y W O L D N O K O
T T M T V F O C E T N P G E E L
A C M M M P R V S O M G D K O O
R E C R A E P N A H T A N O J W
D M M I F V P H E L M E T S X A
I O Z Y Q A A B P J A F V S A L
O R E B R O O K E B U R N S X L
```

Hollywood Game Night Solution

```
A T V X D K J E Z Y A D W E O D
J N V Q K F N J T E N L Q J V E
A G S I F F Z I E U P J Q G F S
N U T W A G R P O W B S P L P C
E E N B E A X R Y Z R Y P S G R
L S I Y H R S X P W G J E Z P I
Y S C X U Q E K A J M Q G S P
N I P X N I U U J U A I L Q E T
C N O O Z B I Y E G K G O M Y I
H G B A P I L T E S R J A U A O
W P H E O F L V F L T G Q A H N
Q X O U Y N I G A X E I E B N S
B E Q Q J F L A F M N G O Z A Z
N F A H C I N W A X H J Q N E Q
M U K T H G I N E M A G X M S Q
M Q V N C N X V A F G D U R X A
```

Idiotest Solution

```
B I Q T Y Q I A B N B O D O P S
I R T H C V A Q E I O O F L U P
X Q A G N M S I N H N N X M Z C
U Q W I J S T Z G W U L M J Z J
F U X N N W S M L U S I P Z L C
N S E S Q T J K E A R N K D E P
R C G E Q S E Q I M O E X R Q X
T V D L H E Q A B M U G S C U G
S S S G Q T U G S O N A R Y E K
O U Q N Z O M Y R E D M I W S G
V C D I S I O L Z A R E O A T L
R L L S A D L N C S H U J I I C
O A R G X I H S K V L Z U G O W
Z N D H Y K S N I P W E R D N R
M I K E C A T H E R W O O D S T
S O F G Y O E L J F J O M X T O
```

I've Got a Secret Solution

```
O G S R L M T L O X F E Z T W H
R C E I R S B J N G M C S Y H I
A J C F V G Y R X A N E S U I D
I C M U U X Y N G T U C T S S D
C I M F P A V G Q G Q A A Z P E
B V M H S A N H Y F Q N R N E N
W Z S F I I T T C V W V T C R S
W T D J S W I I R W Z V E L H E
B X O S S R N P O F C P D T W C
G P E V B C Q H W N Y Z K T V R
Y U C E H R C K A K G V F B F E
G V L C D M V M P U F J C Z N T
T E R C E S Y T I R B E L E C S
C D I S C O V E R E D P L U T O
T W O C O N T E S T A N T S O O
C H E S S C H A M P I O N U A P
```

Jeopardy Solution

```
B J A V F M H Y D A Z A A K A E
B F B G I W V L A L O F R E A N
W S R W N F K D I E W T T N Q C
O E X J A A A A L X J T F J O J
H O R V L K V L Y T E R L E X M
S X U C J V Y M D R C I E N V A
Z E W N E Q I Z O E L V M N H Y
I X U C O U G J U B U I I I C I
U E W B P G L W B E E A N N M M
Q W E Q A E C C L K A C G G X B
G R I M R J B U E D N L H S S I
M M J R D K H M S U S U T E L A
J A A W Y O Z M Q Q W E O S L L
T C H Y L L B L G U E S L K P I
W E C S D R A H C I R E K I M K
O S W L Y M X R H P S V B I N Q
```

Legends of the Hidden Temple Solution

```
F V K S S T J T Q C W Y B O K I
Z X Q Y X D Z V V I V E L R C Y
U W R E D J A G U A R S U A R J
A G E K L H J C O W D T E N I U
O Q B N C D E L T E N O B G S X
E J S O T M M F H K K R A E T W
Z G S M A E T X I S T R R I E Z
M J P N C W M R S N D A R G L Y
W A N E D O K P I U S P A U A E
R K T E H F Y F L Q N E C A A R
F A Z R O F X X A E O L U N L D
R N H G L G B O B D W P D A O P
X W G N R S H V Z S O R A S N E
Y I A H D Y R D P C A U S E Z C
E X F E S S X C U Y T P J M O H
S I L V E R S N A K E S N P C A
```

Let's Make a Deal Solution

```
M T J V T B A N O U N B C T E O
E O X T J N O T L I H B O B N F
R B L I Q U H C R D Q Q L D V F
C J S S Z Q S W A B X N L B E E
H G L Z T Q E S C J B B E I L R
A M A Y E S M M E P Q Z C G O I
N K E B K R U A D N L E T D P N
D Q D F F C T L K Y R U I E E G
I V G W E S S L R R J M N A S C
S K N I U R O C A Z O T G L V A
E E I Y E X C A M B M J M I X S
G E K D N M Y S I Q T O O O K H
J H A R C Z Z H A Y G N N A T Q
R R M Z S J A M H H A L E I M X
T Q A F E B R W R T G O Y E M E
B Z X D F W C M O N T Y H A L L
```

Lingo Solution

```
G S B M V M K B K M N A U D O X
O U X Y Y Q X W B W V B T I Q P
S L E I N A D N I T R A M E G B
T F P S E C A P S L L I F C T I
M G P M S D N O C E S E V I F B
H S B N Y W C K M J C E V A Q A
K Q T T X I O T T K J I L D Q M
K I K Z O C A R G J N E S W Y O
K P M T X V N V D B I N G O P S
N Y Q E Q R G V X S S V L A B Y
M I C H A E L R E A G A N K K J
F A I L T O G U E S S G S Q X V
W Y I N V A L I D W O R D T Z K
R A L P H A N D R E W S S Q X N
U G B D J B S W X W Y F S Z O K
A D I L R A Y V N K D P W C P D
```

Match Game Solution

```
O H Q C S U N G A M S C Y J H T
R Z P A N X U C A D J L V C X W
G X Y P D V R G P Q L I T L H O
K M G M D B T A J I Y A C M J R
D A E H O T D A E H M N A N W O
H O E G G V N R Q E H T L J X U
L C C I H O S F C M C I W O Z N
I B W X Y E V N G H P H U Z A D
L C F M L W E V A Y A U E I X S
G P V R U I I N D E X C A R D S
H A A N D B S U P E R M A T C H
L H A U R W S T A R W H E E L F
C Y A O E F Y Q R L F U Q R D B
X F A R J T Q N X N F D S Z Q I
A L S I G G O A D Z N G D N V
T W O C O N T E S T A N T S A O
```

Minute to Win It Solution

```
S K S A T N E T S I M R F B X O
V M K D F I N Q U P Q O Z S W F
S B K Z Q I M U V V E A B M F S
I Z W X Z K E E M C O K D Y R M
X U J O N H O O L O P A Z A Q Z
T Z A F W D L H G I L P L T Z Q
Y G D Y G D N I L A M L N A E S
S A K L V U T Q D V O I E G T Q
E R G R A D Y N L I D W M T E E A
C B Q E C O O F N S A Z P S C Y
O E Z B V L J O I G O F Z V E T
N D M M T A I G D E H B H D M B
D C C I K L I R G F R Y E G N Q
S S N K L G A F R E X I Q E J W
H N Q I U O N L R N L Y M C X S
B B M H B A B Q Y G M U G T B Q
```

Name That Tune Solution

```
J Q F G S L I P X A T K B P P M
Z U T O L I P V P S C O I I T O
W H N L B I N W C D L Z D C W N
F W B D L L V G E Q G I A K O E
H S Z E T E J E A D F I N A P Y
W Z Y N I E Z U B T T B O P L T
C E O M G M L B O A U N T R A R
O N J E P Z P H K K N N E I Y E
O D D D D Y R T H M B D E Z E E
W S B L R S C N C T B G O E R S
E T T E L U O R Y D O L E M S P
V P R Y R A N D Y J A C K S O N
J A N E K R A K O W S K I Z H A
I B T P G Q Y Y F X M E Z A R V
M W R M L N N J D Z K O I J Z U
Z M S V Y M L B E O W V O B P S
```

Nickelodeon Guts Solution

```
F F Y D O Q A H S S A K J R X H
N J F E G L N D R H K H U P A M
H D W C S B Y O J D G T Q X S B
D C I B P E T M S K A O Y W Q X
U Q I B Z A V K P W O G Y V Y J
D M N J U U C S D J K E E R H T
E I Y T T Z W T W C C H E W K M
L I C P K O X X Q G O S C C E U
F A J H O A P B N T M S T G O C
S H O O T I N S T E A M A Y D C
O U G C C K M A O B Z C L X L M
Y A C T I O N S P O R T S U V E
Q E Q K P Y E L L A M O E K I M
O H O S K C O R G N I L B M U T
L O U D S O U N D S U W S W W V
M U V C M H A A J S I S N B E E
```

One vs. One Hundred Solution

```
S H A P T S H A B K B A T C J E
Z T X I Y G G O Q O A S I L W J
V I N S A H M T E Z M X I U X A
P P B A S E V N R F A E O N M Q
B O M E H T L L O P A W H L H K
R O T T E G A S B O B N A T B B
L U K O N E C O N T E S T A N T
U S N O I T S E U Q R E W S N A
A K A L I M U S C L E Z A D I G
B C A R R I E A N N I N A B A L
A U R O R A D E L U C I A R I T
P A T R I C I A P E A C O C K A
D I G I T A L M O B S T E R S W
E C M E N T R U S T T H E M O B
V C E C L A K G L V B A Z Q K S
W F A K E G P P F D O J U J Q B
```

Password Solution

```
C S K P A L L E N L U D D E N P
E I H D A B E R T C O N V Y Y A
L N Z H K T A Z T C N B N B Y S
E G F W X W T R J V K J U S V S
B L C K E Q Y Y Y X Q J O E K W
R E H K Y D D M D B K A K Z R O
I W I Y D N E L L U C L L I B R
T O F A B Y N G O B K L T R O D
I R F L I P N V E C D E Q P L S
E D D N N X E M Z N S F H H L J
S Y D M D H K Y Q X E Y B S H C
R S E M V M W F H W U W F A F L
P H N B F I O U Z J Q C O C Z E
I W M G R K T V K V E I M O X J
M Y S T E R Y W O R D S C E D M
S U S A N R I C H A R D S O N E
```

Pointless Solution

```
N E H R T S P Z N A M J E S E R
A R D T T I S O I D U J T R O K
M V C Y R C I V I Y V N Z W R X
S Y Y Y P T I G V N A R T V Z N
O O X T Q R F R R T T A B M T H
D P X P T A W J S B G L I R U M
R V E V J T N E B E D U E W U P
A W O N K U T J R R S P E S I U
H F D R E N A U J P W O W T S N
C M H T O N C C B Y H P M E P Y
I P Z C S S D A E H O T D A E H
R B O B B Q C E A J N S E I Z G
S W D O I K Y E D H C A G C P V
T H S L K G A T W P E E Z Z H Y
S A R A H D U N C A N L U V K Z
P I C T U R E B O A R D I Y T V
```

Press Your Luck Solution

```
N K D A S X V B O P D W S Y T I
A E H S W K K P V G S J G H A U
M N J P S E N O D K X E E I K Q
D Z M L O O U Y N B T D Y G E J
L H L U R U J S G A T J V H T V
E T K N E O P B R Z R T G S H O
F N X X N Y S T I P R H Y T E J
R U Q T S L S S A G J K L A L Y
E A B X I Q O I U F B C A K E F
T Z V H C W K W K N W O E E A R
S K I K Y O E B I J F F A S D N
E T S E H Q W I O D J P H R S J
H Y J X T B E Y W P T I Q P D G
C A E S A V O I D W H A M M Y X
S U A L C T R I V I A R O U N D
E L I Z A B E T H B A N K S C P
```

Pyramid Solution

```
B I L L C U L L E N T Y X M B T
M W X S D R A C S U N O B H I U
L U W D I E N Q Q D C B Y M G U
J L I R O C B Y M N O H I I S S
W C P A L H U X K U A W X C E F
N D J H A H M D U O W F Z H V P
S I X C A T E G O R I E S A E M
E M F I J V Y V F E E L M E N D
M A C R Y E I I D L O T A L M O
C R B E S B R Z L C M L E S N X
N Y C K H B K C M R E R T T S T
J P X I Y I I U M I T R O R F D
X C E M R T H V U C S Z W A P O
J O H N D A V I D S O N T H P V
D O N N Y O S M O N D X G A X B
S E R I E S O F W O R D S N B P
```

Remote Control Solution

```
N W E V G Q R H B F L P T C I C
I L I L H A T L I V N O X J O N
N J E A L W L N G Q K P N J L N
E J O S K I T S S F Z C R U M E
C L M R C Z E I C Z O U G I H M
H R C E O I C F R Z W L Q V L A
A U C N L W M K E X Q T O F P B
N J X I C S A G E O M U Y K B G
N W T L E L A L N Z Z R V D R S
E K R C H X I V T O R E Q U B X
L P T E T K K F V T I E W B Y O
S L O R T N O C E T O M E R F C
B K L Q A B A S E M E N T O K L
K Q M A E J O E D A V O L A D X
S Y H T B H E Z D R Q B U G M Z
V R M D R G U E F A F R L F C X
```

Sale of the Century Solution

```
O R L Y L U X U R Y C A R Y S S
Z Y K N J O U A P P U G O N E C
X W F V O R L A W I Y C O J U O
E R V H R W N Z I D O I S A L R
S M P Y Y G J F Z S T F A Y C I
C Q A A R P J U T S Q S L S C N
A U N G R Y D Q E L L S L T S G
L M J S E C V U X L J H Y E G D
A O F M P M Q M H Q S Y J W M O
T H B O M A A B D K F V U A E L
I K Z M I V Q F M M J N L R O L
O E S V J X L L J D W H I T B A
N R I N X N Y K R Y H O A R Q R
D R O F L U M U O L B H N Y I S
T T T P Z Z X D E U U J Q C S Z
O X U N X B Z W F U O C Y W N Q
```

Shop til You Drop Solution

```
S T F M Q Y Y F S K P W E U T N
T X O A A Y K N V D I G X I U L
U H U R L Z W K Q W X W F X L P
N H R K E Y S B J J X S Y A G M
T P T L L P L G B V A N M T P D
R Y E W G L P T L N X G V Q R D
O I E A D P D O C Y N W A S Q W
U B N L O Y J K H I Y J U I B V
N S S B D N A D P S A M Q X Q X
D J T E U D E P P V E M C P H R
S Y O R T B O R Q T Z N H R X H
C I R G N H D D U U V Z O I A I
A O E Q S M I Z Q N V T L Z D W
H R S M A E T O W T N S V E I T
B K B V D E N H K F R E J S U W
J D R O B E R T O M U H R C H G
```

Small Fortune Solution

```
F V N Z S Q W X C T J E R S V U
P A G L P F S G O E C I E C D I
L O M N P Y P R E A I P A A W A
M N X O X B E E E M C P L L E Z
V O C J U R W N R U H S L E D J
R M K Q G S T H H S B I O M C H
D T V F Y O P C T A O T C O A Y
S H R C P M N E F E D M A D S X
M D Y K C I P R O M N J T E H Z
C G C R Z V V F S P M K I L P D
Q A Q N Q S E F M Z L B O S R B
J W E I H D I E A P F E N J I A
L F T K F U V J E L Q S S G Z R
B T Z W H Y N F T Y I O K Q E E
Q L I L R E L H O W E R Y V S D
J K Q L L Y Y W F H V X S J I V
```

Snap Decision Solution

```
V Z K D D N M U Q S S E S R S Z
B J S M P E E G P A D F E O D V
D Z K W J I S I M M A I R A N U
W D W I O Z L O E A R D L X U R
Z A L I A C H L N G N P Q R O K
W Q D G O T E T N A Q D A Y R M
Y R S E K Y H A X N P N A Q E H
Q F D C B C L E T Y D L D Y E Y
O I I I X A L F W O L K Q Y R F
V N Z P D A D U M E I B O N H F
H C E I E U K F N U F Y K I T T
W E V K D G A I U B U P S U H I
J A A H P C I B D V X A N G T W
D L W T T I U X C Z Y Z H E J V
B L X S N A P J U D G M E N T S
L I B E R T Y H O B B S Z G G Z
```

Spin the Wheel Solution

```
H C A D O C P I C S I X K A X A
A Q C T A D I L O P D M Q S F N
J Q M C K X I E A Z R Q B D X D
R D D V T D S E L L O R R A H R
Q E H M N J N H F E I L E R S E
W P L O R Z A W E O X K J Y L W
G G E M C A M E X P I Z A P F G
R K E L I S L H N C A B B D Y L
T N H S L I E T S C D R S N S A
R X W P G A Z N Q G Y M D M T S
R Y T D G Q N I P S K C I U Q S
V K N I I X O P H H M Z K O P M
Q W A X X R K S Y S O T M M L A
S M I T H F A M I L Y U C R M N
A W G T I C R U S S E L R O P E
T R I V I A Q U S T I O N S B H
```

Supermarket Sweep Solution

```
T P E E W S S U N O B B X O P R
M E O F B T T M T X U J V N I A
P E A I P E E Z D K V H G A D S
N W X M Q S A Z O R S G F B H B
M S F W B S M E U L X D G O M I
U I O V V A S U B M O B P U D L
T N E H B O S V W Q A P X G R L
D I G Y D D S E F L I U I Y Y M
B M U J Z B U X D N X B P X C A
B I G S W E E P G Q H I X U D L
I Y K Z A U R C H X U S Q J B O
H L E V D N A S P U B I C Z F N
C F E Q V R F X I M K O Z Y B E
Q U E S T I O N R O U N D Z R R
E C H S S U P E R M A R K E T O
A C A R O L I N A D E L G A D O
```

Survivor Solution

```
T P N L F Q Y S U P P L I E S Y
H I I S J B D X F U J I L G J M
I E I I K E N Y A C F I F N D U
R G L X C G X B I Z T L C K U
T W H T G R L Z Y A S E B I R T
Y D B E K E S C R W V Y X H N K
N Y W E K M I B N I F R A M E S
I W G N M A E E U S Y O J L B F
N F J P Y D T L I V E O F F A U
E L G L Z I O I S O L A T E D M
D E O A M C M W B P C O F V C G
A C W Y P K E X C D Z S E J T R
Y A O E E K R G F E K S S A X I
S T D R W Z E G D Z H B O J N E
V J L S K C J F A A Y E Y P X W
J E O N O J A C T Z C P S T M P
```

Tattletales Solution

```
B E T V B W F D G R G S Q S X H
O D R B F H C P E I I S D K G E
B F B Q P E O M N T O S C P B S
B L V S S Y L C E S A R X I E A
A Z Z W N F O T R E Z L S U C I
R A I P V V R P A V B B O G B D
K Z V O Q P C K Y I P X J S G S
E A F C C G O B B L T C Y S I H
R P Z H N A D C U L G W W J A E
P R H E E K E Z R A N K C A J S
G X V E B I S O N N B V G M P A
B E R T C O N V Y O T V Z D N I
L A N B S N O I T S E U Q P N D
E S N O S W A D D R A H C I R A
A S E N O H P D A E H F L O V X
B O B B Y V A N C P R M E D O N
```

The Amazing Race Solution

```
F H U Z I K Q Q D S Y J O O A T
Z O B A D J M S O D M Z N C M H
I D R I R A C E T O F I N I S H
S M A E T E L P I T L U M Z X S
G X Z X I N A H G O E K L I H P
X Y I V I G Q P L P V V X J S O
Q J G I P F N W W K A D N O R T
K P G F P C N A B C R D G Y K S
E W G M W N X G R P T P S C U T
C Q I A B C M T K E R L S E K I
U C H E N N A A G U A K W A N P
I W Q N C V E T Z K A S X G G G
T H E R A C E B E G I N S U C V
X L D Y T M Z Z Q M A M K N B M
R J Y S Z E R G M P A R C P N D
P P U Y G X T V W Q W Q V R I L
```

The Bachelorette Solution

```
E N J I O V Q I K T T J B C U R
N S J E S F C V A A T E I H D A
W E B F E T S A I Y J R I R V C
F N I Y V F D N T S F R S I Q H
R Y U L O J Z H L H Z Y M S G E
T O Y N L Z Y A Y I A F K H S L
Z M X I E A C L N A I E R A V L
Z E C C U L N L B A V R Z R Z I
S K P K R S N E R D X R O R R N
N A A V T L T U I A J I R I Q D
H L G I D T T J S M X S C S G S
B B C A N V N X T S R P I O N A
Z Z T L I Q B L O B K I X N S Y
O D I L F Y A E W R V S B Q C Q
J E T T E R O L E H C A B Q K B
J O E L L E F L E T C H E R A U
```

The Celebrity Dating Game Solution

```
C N B A G Z Q D P E O E R B S D
O L O E V O L D N I F E L A N E
G G S L U B U V Z L N P I G Z M
V H S A A R P L S H R S O A W I
P X J Z B N G I C T E T M B S B
K B D A H B G E K L M A G B V U
J J E Y T X O O G V N Y L C S R
U Y G G J K C I U X S E S O Q N
R C F G D H L K F L P D J O A E
F K N I E E N G T P D I D K V T
I J V I I Y M U T E D G S T S T
K A M R U S J J E H E G X I R G
D D B X B N J L B W W S D C P D
V A M I C H A E L B O L T O N J
G Z O O E Y D E S C H A N E L S
R A S H A D J E N N I N G S X I
```

The Chase Solution

```
E I E B O B H A J I N E X A B C
C Q P T Z J S J T A C C N L A U
C S B Y W O I U Y A B N Z S G O
E R A C T F F R L A E S H U E E
N E V P D N Y L T H S B M Q H B
T S O C C N A N E D U C R M Z F
R A H J N W R G M I Q M A T D R
I H Q E N Y E Y L H Y M V J U Q
C C J U B R A D L E Y W A L S H
H E A L T S E P A U L S I N H A
F H A Y X R A F C C J F V Y W M
S T N A T S E T N O C R U O F X
Q X P O M P O U S G S S M Q K P
E V O Q H I R I X V R M M T M U
R B I L C Z K M O E L O X O Z B
M A R K L A B B E T U K T F Q L
```

The Crystal Maze Solution

```
F S U X S B X X E B H Y E D A S
O W A N E I R B O D R A H C I R
O A D W M A Z R D M A Z O V R E
T R W M O R E D T E C F O I C D
B O W N D N L U C O M O B S A A
A V N P L A Z M S G A K Y M D E
L S S Q A B U P I W R E L G E L
L K A X T O L U Z O T R G I T R
E I N N S A W B Y Z I H A G S E
R W M E Y Y S U R N A Y H B E E
S Q H J R V N D D T L P L H G H
Y X L Q C Q S C S L A T S Y R C
N I Q E D A O Y A D R A H C I R
S K I L L G A M E S T H Y B C E
T C M Q K E D X G M S F K V D H
Q K E Y Z V J B W G F O W Z Z L
```

The Cube Solution

```
P Y S G A H F I G H C R H L O Z
N E X I M K N P T H O G O F F Y
I B R A M U L V L C N I U E N T
N U B S M P M U R N F T H R H E
E C S E P H L Y J Y I Q T E R I
L E H L R E J E A U N H B K W X
I H L W O Y X R T J E O L V Z N
V T X T Y G N C Y A D X M B S A
E W B W V I R N U Y S T V S L S
S N G Q I L C U M B Y K M O Y S
D W Y A N E W A D E E A S S A Y
C O L I N M C F A R L A N E S M
N S O O V O B G E G Q P D N F F
R P E N U S O U J N Y C H Z M V
D G Y Z Y R V T J W O I I X L K
N U A L T F R V D U F I Q Y Y H
```

The Gong Show Solution

```
P C J S M A I L L I W N O S N A
A A E A U N R N O C P Q U C D E
M P T L M I W T P A D J G N A C
A A N T E I G O E B J W U S J R
T T J C Y B E L U J E J R A L H
E M A A Q A R F R B O S Y N A B
U C Y E F K N I A O U H Q P H V
R C E H H G Y D T R M S N S V B
T O P T S M T O R Y R S G S I D
A R M D X Y X I A E J U H B O A
L M O E I R K E O A W U V M I N
E I R G B K B Z P X V S D Z A M
N C G N O G N E D L O G T G M I
T K A O Z C K X S S Z U M Y E X
M J N G B L X D L Y B J E Y C S
P H Y L L I S D I L L E R Y J Z
```

Page 88

The Hollywood Squares Solution

```
S S P H E N R Y W I N K L E R L
E I X E S O L N I U P A Z Z M D
C M W R T R T N I D U I Y S G E
R O G M V E L P Q C N A I Y V I
E N T E R G R I N G B R Q X T J
T C Y X F R B M E A F A X R O C
S O E S L E Y R A S W E Y K X Z
Q W E F B B S J Z R J Q E U H X
U E A Q H M K N N Y S A G N P W
A L A K G O R S D A N H S T P Q
R L W S T T A X O S T W A V B R
E O F Q U C P O W L Y K T L Q R
T W O C O N T E S T A N T S L J
A Z U Y I G R T I C T A C T O E
Z R X F Q S E A H X J Y U C K M
N I W D L A B C E L A Y H U U M
```

The Hustler Solution

```
S J U W T A N T G H Q S L E N N
T N U A O T K X I J Z H V Q O U
N D M Q L H V N Y W B V B I I H
A Z P E W K T O S U X B T N T J
T H E H U S T L E R B A Y T P N
S W L T T X S E C Y N G U E E Y
E W Z B A D V M J I W O R M C H
T L Z Z I R Y H M T H S V T E M
N O U O V B O I S C O T Q C D O
O N P T I Y L B T N E Z J S D B
C A T D R E T A A O J X K T C K
E D Q U T B W L A L K D N X O F
V G Y O I P L Y I I L C G V G S
I B Q S A I F D H Z N O S L W Z
F W E O F F E F M V N E C F G T
Z C L E Z D H K B A K R D I T G
```

The Joker's Wild Solution

```
T O P I C V A R I E T Y A N Q M
I V K S X E C B T U U R N A L F
V D R Q R K A P J H U F S M L V
V D N U O R S U N O B E W E J J
R J I R R N I R K K D O E S O I
T E X C A J N I Y Y L F R A H B
J X K N A B O D B B E F Q N N G
C I X O J L S M A T R T U D N D
T H M I J R T R G G K H E J Y X
M W J C Z E Y L V R Q E S O J J
P J F W G K L A S O X B T K A I
F G H I C L E P E J J O I E C X
S L O T M A C H I N E A O R O U
J A C K B A R R Y R Q R N S B H
U F Z U K A Q J D I T D S N S J
B P J O K E R S J A C K P O T C
```

The Misery Index Solution

```
R E A L L I F E E V E N T S A W
X V N N F D E C T L Y R F Z J Y
Q N E X L C Z G N W B N Z O P O
O S T G G D G D U B O I R E S T
W H E N W E S M A S H T B G I N
J H L F M N W T P T X O E Z M E
A U S E Q N X K Z M T C U A J M
M M J K W D K U O M U E N I M S
E I C B S Y D M I P H R B W S S
S L C E H H C U P I L D D L W A
M I O B R I A N Q U I N N M J R
U A M D A N S N Q H K V S A I R
R T E H U F B S I A L G M G J A
R I D A P F X Z Y G C R C F P B
A O Y U Z O F K T M P B L H N M
Y N F J A M E E L A J A M I L E
```

The Newlywed Game Solution

```
S C O T T B E A C H V N M S C M
X E O N I T N E R A F S E M A J
M P L T W H T I M S Y L E E K O
R Q L Z I N A F G D P J L Y C I
L K B N D F W N C U O F E U B Q
L N E Q M P I J O S F E L S S I
Y C Z Z E L R C T S D O E A E M
U L C H A P D C K O A L H C K R
X R B E N E A N B M W I C S D S
G R V I I F A T F F C X I D E W
C E F R D B B M O Y S S M S O F
R B R R U J U B I E A K U G B L
Y A I E F G F I B F D O C C W B
M E B M C H G I L W P I F C U I
W O Y R H I I F J S H U V Z B L
B J O H N N Y J A C O B S E R V
```

The Price is Right Solution

```
H H I O R Y D E N N E K M O T W
Z Y A O T A P O D C I N V O U U
X S E M A G G N I C I R P X L C
J L E C A I D R B T U F Q I N I
U N Z Z E Z P Y E R A C W E R D
G Y Z J I L O F N K O U Q H G V
E K V F I R F F O T R Z P W U Y
V Z F A V E P A A U P A X R N D
Z X T X M O N M O K M Y B R D P
S E M A J S I N N E D I F B E J
R B I L L C U L L E N K D A O N
T H E S H O W C A S E P Z T P B
D O U G D A V I D S O N Q H L F
G T I B F I W N B I H J K M H D
B L R O K O G J C L I X S Z W F
D F F F J B J A J R I B V Q C C
```

The Singing Bee Solution

```
M E L I S S A P E T E R M A N E
A R E G N I S U A T N N S N E L
I E I V O X G I C F E C L B N H
M H T R M E M S C N I D Y R O N
Z T B L M X B R O R D E J P S Z
I E G D E E Y T Y Y N B W B D K
N E L N J L A L X O K P V I I H
R B K V C F G A H M H X Y W V P
F S P L Y N Z F Q M G N R F A B
H Z N E O O Z Z Q B H A H I D X
L C O S R I A H C L A C I S U M
S J Q B C A M F V V B M R T A C
S I X C O N T E S T A N T S E O
V Q L J O A Y S X Y G N X R B I
P A R T O F S O N G D B U N U P
L O F P B E S M N I W Z S F R W
```

The Wall Solution

```
A I H N S A J S X W X S E K Q F
F T H E M W O B T G B L S C U O
I J T D S A X H C T Y L A P E U
F O R E S F C O N T R A C T S R
T H L T M O U F V L R B T Q T S
E N I Q U P U U L Z E N T E I T
E A O G L H T A A J T E M Z O O
N N P E E K F T T Z D E A M N R
S D S L D E W H O N N R S C S Y
L A S T E H I G T B A G Z Q S T
O N C R H J Y A K E A C F T I A
T G F H F F W P N E E N G U H L
S E F F T M H C A X R A K L G L
X L A K W H N W B A D B A I I Y
C Z F M W W D D C L N R L N I V
C V C D Q Y W H D R A O B G E P
```

Tic Tac Dough Solution

```
Z R U Q X U B Y E Q O E T T U P
N O T L I H B O B A L L R N D H
F K W M P T T W R B L A S D C F
D S K Q U C M C N N W D E J G G
I U H B A T H B A E G N C I X C
L H E T J I J K T J X I U M Y O
L R C Z E S N S V I D T R C V Z
A I Q L B Z Y C B E N R E A A V
T B A F F A Z T V N B A S L H J
C N Q P J R U Q V O O M Q D X S
G A M E B O A R D X K K U W Y C
V G E G H G W X C N F N A E L Z
Z S I G V M W J B J F I R L L G
T H O M M C K E E P Z W E L D C
D V H X Y R U B S I L A S T I K
A N S W E R Q U E S T I O N S X
```

Tipping Point Solution

```
B E N S H E P H A R D V R C F T
W P O P C N I T L I Y I F H O V
B M R D S H E L V E S C O R U E
P N L F C J N U V Q B K U I R Z
P H J B Q O C N T S A I R S C E
F D W P O R D T S O H G R T O B
H Z G Y I M E A F N U L O O N C
G A V G W H T W A O U O U P T O
K Y O Q K W N H Z Y M V N H E U
M M W K D R C C I W D E D E S N
T W N Y M D X L H V M R S R T T
N P I J R C H M Y N V U N H A E
I K M D C U X F Y H E S C A N R
T H I R T Y S E C O N D S L T S
L K K J O R Q A Z G C T Z L S A
V J A C K P O T M A C H I N E W
```

To Tell the Truth Solution

```
A N K S T L G J P K D H G C N F
N Q O Z L O Q U W C F W Z E I O
T R N T N X T Z M N N Q L L K O
H O T H O A G Q Q O I E J E K L
O E G M N R J U T R N L S B I C
N M V L N T I S O R A S R R G E
Y S Y T E K O E A G M I O I L L
A O M K L P D X T M W L T T A E
N W R W M S K I Z Y O R S Y S B
D D N O O T A Q G N B A O P E R
E I T S T F H D B N S C P A R I
R T B T W U N Q F K I Y M N C T
S B U D C O L L Y E R T I E V I
O Z B I Z M C U T K O T O L D E
N T L D Y X D X S N D I W V I S
F G C D K D V C E U D K T O B S
```

Tooned In Solution

```
E G X R Q N H W Q N L X Z Z C N
L O E J S N O I T S E U Q C D I
N S U T I O F P E S L M J S G C
J O S C T W V M O T L E U Y W K
X Y K Z T O I E Z O F I T Y M T
U Y F U S T O E D B E K M I M O
A R B V E N X N H O C I T E G O
C U H M Z W K O E R P E H H Q N
U L I U I U A Z Q D F T R K F S
M L E T R P R H K E I F E R T W
S A A J P A S S R T V N E S D M
B V C F H A N A N A J P K O L J
W A C C S R V L X M O R I L W R
S M V H A G G P U I C D D F Y C
H A I D C G D S G N B H S V R G
J R A Y H I X T G A A S Q K J J
```

Truth or Consequences Solution

```
J R A L P H E D W A R D S A Z H
T A L A R R Y A N D E R S O N O
R U C A X D T K W F Q Q I U N N
I C Z K O G K O F B P J J K R U
V A U Y B C W B U Y G C H W V Z
I T C H S A D V C X K Y Q C L U
A F Z L R R I T B Q W L R N M S
Q S P W E B X L Z O S F I M B F
U P P W K Q O R E K R A B B O B
E V I A R K H B O Y Y V L O V F
S D I L A T R C H K I N B R O T
T O X N B J L E L I U F P J N B
I L D Q B M L S N B L Z A H O M
O E N E N N U D E V E T S C U R
N M R T R L L Z J J L X O S B G
S T N U T S Y K C A W P R N H R
```

Twenty Five Words or Less Solution

```
K T L A R K L F S C M W G Y G T
T W P H C M O F O N A N R W O M
M O N I I B D N U O R Y E N O M
S C N O L Q B V N D I H B R V J
G E J E L V A C D B E H N V S B
W L G G X P L L P O I F U X X X
H E T K D L S U R A V I R D N L
E B Y F W J E E O R H H G M K A
A R T R N A M W O D T J G Q Q H
D I E W T M K O F G I Y E J T Y
P T P W O F T R R A D T R N X T
H I K T W T Z D O M E W G B P C
O E B E F K E S O E R W G A N U
N S K D J B B A M A E V D L O L
E G Q H S R E B M E M E E R H T
S E P H C Q U R K S C E J I T E
```

University Challenge Solution

```
H Q Y H E Q S I E A E J J I Y Y
C H R I S T I C O L L E G E O I
C O L L E G E S P R R L W B P E
B R A Y O I C J X E O N E A P R
H W T U S X K X M W P G L O S O
J I E N B H A Y Z G E N P U E G
Q P A S V N P I K L P M M G T E
E C M E O A W T L A I Z D S R R
L G I O X G E O P J I I R Q I T
N O U M T B C D E R R F O O V I
S T A N D R E W S B J O F F I L
V N F F F R I M M K H Y X H A L
V I K H L M R A Y A U C O Y Q I
K I L B J F C O M P E G K C U N
M E R T O N C O L L E G E J I G
A U N I V E R S I T I E S M Z G
```

Weakest Link Solution

```
J P D E S M A E T J O Y P H C C
O L G Y E V N N I N X E C Z H O
H U B G T V P C M O I N R M A R
N N C Q T A S K I S Y O U G I R
C P Q S A Q K S L L S M G U N E
R W E Z R D V D E I J E E Z O C
A Q T I G B W N M W J H O W F T
M A N B E Y A U I A Q T R R A A
E G X P T J S O T R V K G E N N
R P Y X F J K R J B M N E Z S S
K D F V D N M X W E S A G R W W
N K J O C R R I U D B B R N E E
Y P H H R U B S T O Y R A N R R
A N N E R O B I N S O N Y X S S
X P K W D M D U A W B I T F J U
N R P I Y B V V X E J L S I T Z
```

What's My Line Solution

```
S T S E U G Y R E T S Y M O F T
O L S E C F F O A D C A G K C Y
U P D Q W R B B I L K M O O H A
P S U G R E B E F S A Y K L L K
Y G Q F K C L R I B A N J K C L
S U A X N T E T T E W K A D K L
A W L Z B T R A E N D R G L Q K
L C Z B F E N L G R I R V W D A
E H F U R N G D P Z C G U O Z A
S J A J F N W A Z T O K N L E S
A R L E N E F R A N C I S Y I D
J O Y C E B R O T H E R S M B T
A O Y T O C C U P A T I O N M J
J O A N N A B A R N E S W W C G
N E H L B W N X M M S B I P U T
J A C K C A S S I D Y P Y H G V
```

Wheel of Fortune Solution

```
S P E C I A L T O K E N S N Y C
A L E X T R E B E K P W C R P A
H K N E H Y G E O G E X E A V S
B T I X U K P E V V T L T C A H
G G F G D B S C F O O S O A N A
W D F N W O C W J O A G S R N N
C O I B L D I H W J N O S N A D
L B R X O A V K A I W J U I W P
T A G D I A C K D D Y D P V I L
X O V C P U J N R A K E P A I I
E U R X H U O A M D J S U L T Z
K Z E C S B Z U C D E C Z W E E
K S M U E T V Z F C S K Z H Z S
D X A U Z P O A L W S U L E C U
K G L K I X A L D E A T E E J A
Z C Z G R J Z R F Q S M S L Z L
```

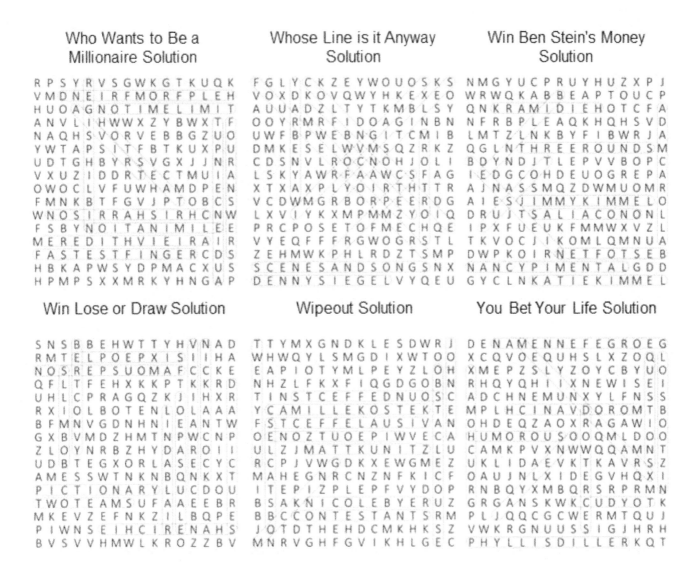

ABOUT

Michelle Brubaker is the author and creator of "TV's Greatest Game Shows" Word Search Puzzle Book.

As an avid puzzle fan, she also created an entire product line of activity books enjoyed by puzzle enthusiasts around the world.

Please take a quick moment to review this book on Amazon.com and show your support for independent publishers!

Learn How to Publish Your Own Puzzle and Activity Books!

Introducing…. Self-Publishing Courses by Michelle Brubaker the creator and founder of Puzzle Favorites.

➡ Learn more at: www.MichelleBrubaker.com/publishing-courses

You might also like . . .

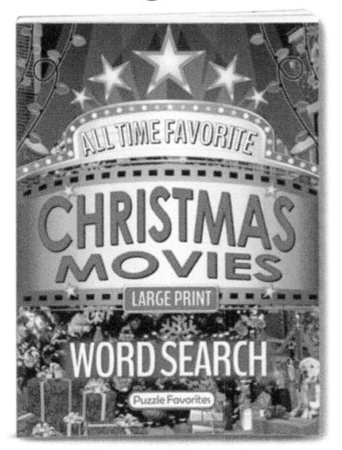

Best Seller amazon.com

From the classics of yesteryear to the top blockbusters of today, "All-Time Favorite Christmas Movies Word Search" book will bring enjoyment and fun for holiday movie lovers of all ages!

ISBN: 978-1947676541

Amazon: 1947676547

Scan

or use

Amazon link:

https://amzn.to/3FtB9x0

Made in the USA
Las Vegas, NV
12 May 2023